本书受江苏省社会科学基

U0619786

智能制造背景下传统制造业转型升级的路径与机制研究

ZHINENG ZHIZAO BEIJING XIA CHUANTONG ZHIZAOYE
ZHUANXING SHENGJI DE LUJING YU JIZHI YANJIU

陈抗 著

江苏人民出版社

图书在版编目(CIP)数据

智能制造背景下传统制造业转型升级的路径与机制研
究/陈抗著.—南京：江苏人民出版社，2021.11

ISBN 978-7-214-26516-6

Ⅰ.①智… Ⅱ.①陈… Ⅲ.①制造工业-产业结构升
级-研究-中国 Ⅳ.①F426.4

中国版本图书馆 CIP 数据核字(2021)第 174557 号

书　　　名	智能制造背景下传统制造业转型升级的路径与机制研究	
著　　　者	陈　抗	
责 任 编 辑	陈　茜	
责 任 监 制	陈晓明	
出 版 发 行	江苏人民出版社	
地　　　址	南京市湖南路 1 号 A 楼，邮编：210009	
照　　　排	江苏凤凰制版有限公司	
印　　　刷	江苏凤凰数码印务有限公司	
开　　　本	718 毫米×1000 毫米　1/16	
印　　　张	16.75	
字　　　数	200 千字	
版　　　次	2021 年 11 月第 1 版	
印　　　次	2021 年 11 月第 1 次印刷	
标 准 书 号	ISBN 978-7-214-26516-6	
定　　　价	78.00 元	

(江苏人民出版社图书凡印装错误可向承印厂调换)

序

  转型升级是产业发展的永恒主题。伴随着大数据、云计算、人工智能等新一代信息技术迅猛发展，世界经济正在加快向数字化转型，传统制造正在以智能制造为方向和突破口加快转型升级。与此同时，传统制造业企业特别是中小企业，仍有相当比例由于技术、市场、管理、模式等种种因素，困守在价值链的中低端环节难以向上跃升。《智能制造背景下传统制造业转型升级的路径与机制研究》一书，在深入考察传统制造企业转型升级路径与方式的基础上，结合智能制造模式推广应用的新背景，提出了一个新颖而简洁的分析框架：跨部门转型＋智能化升级。

  在作者陈抗看来，所谓跨部门转型，是指企业为了适应产业环境趋势性变化，从根本上转变战略方向或业务领域，以达到突破产业生命周期限制、实现可持续发展的目的。从产业门类角度看，跨部门转型常常表现为企业从一个产业部门转入另一个产业部门。为尽可能拟合现实，陈抗提出了"转型跨度"的概念及其数量定义方法，来描述转型前后两个产业部门的近似程度，或者说新旧产业的产品（业务）关联性，据此将跨部门转型分为强相关转型、弱相关转型、基本不相关转型和完全不相关转型。所谓智能化升级,是指运用新一代信息技术对传统生产制造方式、管理模式、组织形式等进行数字化、网络化、智能化改造,同时催生高端数控机床、工业机器人、工业控制软件等新兴产业的快速增长,从而实现传统制造业的"存量改造"和"增量带动"。跨部门转型实质是企业从衰退产业部门向新兴产业部门转移跃迁,智能化升级实质是人工智能等新一代信息技术与传统制造技术融合集成;跨部门转型是企业的现实应对,智能化升级是企业的未来抉择;跨部门转型是外延拓展,智能化升级是内涵提升。

在对跨部门转型和智能化升级进行分析比较之后,陈抗进一步指出,随着新一代信息技术在传统制造业部门的广泛应用,各行业门类间的技术通用性不断提高,产业边界不断模糊,产业融合趋势不断强化,传统制造业企业转型升级的主要方式,正在逐渐从跨部门转型转变为智能化升级。从跨部门转型到智能化升级,不仅是微观企业应变求生方式的变化,更是传统制造业乃至整个产业转型升级路径与机制的根本转变,揭示这一嬗变的机理与规律,对助推制造大省江苏深化供给侧结构性改革、建设自主可控的先进制造业体系、推动高质量发展走在前列,具有重要的意义。适应这一嬗变,陈抗提出,要主动顺应全球智能技术发展趋势,积极落实国家"智能+"发展战略,紧扣全省传统制造业转型升级的内在需求,坚持新发展理念,提高传统制造业设计、制造、管理和服务的水平,推动生产方式向数字化、网络化、智能化方向转型升级,着力塑造江苏制造竞争新优势,为江苏制造业高质量发展增添新动能。具体而言,要重点围绕冶金、纺织、化工、医药等传统优势行业,找准行业应用难点痛点,构建智能技术创新体系,发挥工业互联网平台企业聚变效应,营造智能产业发展生态,着力培育智能制造产业集群、做长做强智能制造产业链,积极赋能研发设计、现场生产、全程管理、检验检测等薄弱环节,推动传统制造业向数字化、柔性化、智能化方向升级。

习近平总书记期许,"广大科技工作者要把论文写在祖国的大地上,把科技成果应用在实现现代化的伟大事业中。"经济学研究更应该从数量模型和外文文献的"象牙塔"里走出来,从核心期刊与重点课题的"理想国"里走出来,投身到传统制造企业挣扎求生、转型涅槃中去,投身到为产业治理摸实情、想实招中去,投身到经济建设和高质量发展的主战场中去。《智能制造背景下传统制造业转型升级的路径与机制研究》一书的方法和结论尽可商榷,但分析的逻辑框架具有新意,成书的立意策对颇为可观。有感于此,作此序以励"后浪"。

南京大学商学院教授

沈坤荣

2021 年 7 月 19 日

目　录
C O N T E N T S

绪　论

当前,新一代信息技术迅猛发展,新一轮产业革命方兴未艾,传统制造正在以智能制造为方向和突破口加快转型升级。江苏作为全国重要的制造业基地,传统制造业规模庞大、基础扎实、门类齐全,但总体上仍处于产业链、价值链向上攀升的重要关口。推动传统制造数字化、网络化和智能化升级,大力发展智能制造,对于深化供给侧结构性改革,加快自主可控先进制造业体系建设,实现"争当率先、争做示范、走在前列"新使命,具有重大的现实意义。

在新一轮科技革命与产业变革背景下,传统制造业不可避免面临增长放缓、生存空间缩小、产业环境严峻等挑战,只有通过跨部门转型或智能化升级才能维系生存实现发展。关于跨部门转型研究,本研究全面梳理了国内外学者对产业转型的概念内涵、行为模式、影响因素、绩效关联等方面的研究成果,归纳出产业转型研究的几个主要假设前提。回顾国内外学者对产业转型升级的研究,主要集中在产业转型的概念界定、动因分析、行为模式等方面,理论基础主要来自于产业生命周期理论、战略管理理论和组织变革理论,研究重点是传统制造业在新技术新业态挑战下,增长普遍放缓、生存空间缩小、产业环境渐趋严峻,制造业企业如何通过跨产业部门转型,以及技术改造升级等路径,实现企业转型升级,进而带动产业升级和经济增长。关于智能化升级研究,本研究系统回顾了国内外学者对智能制造的内涵与特征、行为范式、与转型升级之间的作用机理等方面的研究成果,比较分析了学者们对智能制造评价指标体系及其量化研究的有关成果。近年来,新一代信息技术加速在传统制造业中广泛应用并逐渐改造融合,逐步推动传统制造业从技术基础、运转方式、组织模式等方方面面深刻变革。对这一新趋势,学界从产业经济学理论、竞争力理论、比较优势理论等相关理论框架进行了分析研究,理论成果呈现出多视角动态化趋势,多学科交叉融合。如,智能制造的概念、内涵、特征、模式及影响因素等研究,智能制造与传统制造业的内在关系和转换路径研究,智能制造对企业生产、经营、管理等影响研究,等等。

伴随着传统制造业盈利能力普遍趋于下降,少数企业通过深入挖掘潜力、全力降低成本等能够实现盈利发展,但大多数企业会受到行业发展空间的制约,面临经营困境。由此,从原产业退出进入新兴产业,逐渐成为众多传统制造业企业的应对之策。在国内外相关研究成果的基础上,本研究提出了跨部门转型的内涵界定:产业转型是企业面对产业环境衰退时的重大战略变革行为,其根本目的是突破产业生命周期限制、实现企业可持续发展。通过对企业转型的实证分析,本研究从转型的时机、方向、跨度、途径、程度、速度等 6 个角度,对产业转型的行为模式进行了界定和划分:① 按照转型时机,可分为前瞻转型和危机转型;② 按照转型方向,可分为成长转型、盈利转型和综合转型三类;③ 按照转型跨度,可分为相关转型和非相关转型两大类,其中相关转型可进一步分为强相关转型和弱相关转型、非相关转型可进一步分为基本不相关转型和完全不相关转型；④ 按照转型途径,可分为内生转型与外生转型,外生转型具体又可分为股权转让、收购兼并、资产置换3种途径；⑤ 按照转型程度,可分为轻度转型、中度转型、高度转型及完全转型；⑥ 按照转型速度,可分为渐进转型和突变转型。综合理论成果和企业实践,本研究将转型动因归纳为三个方面：一是新兴产业的吸引力不断增强,与传统制造业相比形成了整体盈利水平的差异,吸引传统制造业企业跨部门转移至盈利水平较高的新兴产业部门；二是企业所处的产业环境渐趋严峻,传统制造业盈利水平趋于下降、发展空间收窄,导致企业盈利水平也趋于下降；三是企业原有的能力资源加速贬值,随着技术环境、市场环境快速变化,企业原有的技术和知识资源出现与环境不匹配的现象,通过跨部门转型可以确保企业所拥有的特异性知识与经营环境相匹配,指出企业持续发展。

纵观全球产业发展,主要发达国家推行的制造业回归战略中,智能制造成为破解人力资源短缺、提高生产效率和质量的主要发力点；我国在《中国制造2025》中也将智能制造作为主攻方向,推出了一系列支持举措；对江苏而言,制造业总体仍处于全球产业链的中低端,大而不强的问题突出,智能制造在技术创新上的集成性和产业应用上的泛在性,能够有效服务推动产业转型升级、高质量发展。在梳理国内外理论研究成果和实践做法的基础上,本研究提出智能制造的内涵界定：在大数据、云计算、人工智能等最新技术的基础上,通过智能控制、集成互联、协同融合等方式,逐步实现制造装备和制造过程不断朝着智能化升级；智能制造的特征主要包括：具有一定自主性的感知、学习、决策、执行和适应能力；智能制造可能的影响因素包括：技术创新、数字化转型、集成互联、协同融合等内部因素,和技术进步、宏观政策和人才供给等外部因素。智能制造已经成为产业技术变革的重要方向和突破口,智能化升级就是传统制造业企业通过智能制造改造实现转型升级。在总结国内外主要研究成果特别是中国工程院相关研究的基础上,概括智能制造演进发展中的三种主要范式:一是数字化制造,即上世纪下半叶以来,传统制造业广泛应用数字技术,形成了数字化的企业和生产方式;二是网络化制造,20 世纪 90 年代以来,制造业开始通过应用互联网技术,将人、产品、设备等各种社会资源广泛链接,并加深了分工协作与资源共享;三是智能化制造,进入新世纪后,制造业逐渐加深与新一代信息技术特别是人工智能技术的融合集成,制造过程逐步具有了自我感知、决策和执行的能力,从根本上开启了新一轮工业革命。准确测度智能制造水平,是深入进行量化研究的前提,本研究尝试构建了智能制造水平测度指标体系及其评价方法,指标体系主要构成为:智能装备标准、工业互联网标准、价值链协同标准、智能服务标准和效益评价标准等。对评价指标体系所涉及的调查数据采用抽样调查的方式,调查全省主要制造行业规模以上企业,在此基础上完成指数测算。

产业转型升级体现在其内部组成企业的盈利水平和成长能力得到提升,本研究采用计量经济方法,对样本企业进行跨部门转型与绩效的关联分析:相对于跨部门转型前,样本制造业企业在转型后的盈利水平和成长能力都得到了显著提高,因此跨部门转型的确能够帮助企业增强市场竞争能力、提升市场竞争地位,进而带动行业转型升级;相对于未进行跨部门转型的对照企业,样本制造业企业在转型后短期盈利水平和成长能力都得到了提高,但值得注意的是随着时间推移,样本制造业企业的成长速度有所放缓、甚至低于未进行跨部门转型的企业,说明企业的长期成长主要取决于自身核心能力、而非所处产业环境。对样本制造业企业进行智能化升级与绩效的关联分析:一方面,智能制造作为全新生产方式,在传统制造过程中引入大量智能技术和装备,进而引发传统生产组织方式、管理模式乃至商业模式的根本性变革,大幅降低生产要素成本、提高投入产出率。另一方面,智能制造作为新兴产业,是产业转型升级的革命性"增量",智能制造的体量越大,以"鼎新"带动"革故"的能量越大,在改造提升传统制造业的同时,催生智能机器人、高端数控机床、工业软件等新兴产业的快速增长。比较跨部门转型与智能化升级,本研究深入分析了两者之间的嬗变逻辑与机理:在信息技术革命兴起之前,传统制造业各行业之间的技术通用性不高,每个行业都有独特的知识和能力,产业边界比较清晰,企业从落后产业向先进产业进行跨部门转型,本身就是产业的跃迁和升级。大数据、云计算、人工智能等新一代信息技术的快速发展和广泛应用,导致各行业之间的技术通用性不断提高,产业边界不断模糊,产业融合逐渐成为趋势,甚至由于信息技术的作用、几个产业的交界处往往成为创新最活跃的地方,新产品新业态层出不穷;在新的形势下,企业往往选择通过数字化、网络化以至于智能化改造的方式,而不是跨部门转型来实现企业升级,这也从整体产业层面有所表现,即跨部门转型逐步成为少量的危机转型、被动转型的方式,而智能化升级逐渐成为传统制造业转型升级的主攻方向。本研究认为,就其在传统制造业转型升级中的作用和定位,跨部门转型实质是企业的跨产业部门跃迁、智能化升级实质是智能技术等与传统制造业的融合,跨部门转型是外延拓展、智能化升级是内涵提升,跨部门转型是企业的现实应对、智能化提升是企业的未来抉择。

以智能制造为方向推动传统制造业改造提升,大力推广应用智能装备系统和工业控制软件,试点建设智能示范车间和工厂,推动传统制造业智能化转型,提高设计、制造、管理和服务水平,着力塑造江苏制造竞争新优势,为我省制造业高质量发展增添新动能。一是坚持技术攻关,着力构建自主可控的智能制造技术创新体系。大力实施国家工业强基、重大装备赶超等重大攻关计划,鼓励支持企业研制工业机器人、高端数控机床等智能制造装备,加快攻克高端数控系统、伺服系统等智能制造核心技术与关键零部件,并逐步实现规模化推广应用,为全行业提供关键共性技术服务。二是坚持两化融合,着力优化智能制造融合发展水平。加大工业互联网平台、工业大数据平台建设力度,鼓励引导中小企业上云、上平台;进一步加大信息基础设施投资,加快推进 5G 商用及下一代互联网(IPv6)全面部署。三是坚持系统集成,着力培育智能制造产业生态体系。大力支持装备制造企业、软件开发企业向智能制造系统解决方案转型,研究制订行业标准与规范、开展标准试验验证,抢占智能制造标准"话语权"。四是坚持区域协同,打造智能制造产业集聚区。加快推进苏南自创区创新一体化建设,围绕培育发展"一区一战略产业"和先进制造业,布局建设一批区域产业技术创新协同联动平台,实施一批全局性重大关键核心技术攻关项目。五是坚持政策引导,着力营造智能制造良好发展环境。继续发挥好世界智能制造大会平台的桥梁纽带作用,吸引集聚智能制造领域创新资源。加强智能制造人才培养。统筹利用国家制造业高质量发展专项,以及省工业和信息产业转型升级专项政策,支持智能制造新模式推广应用。加大首台套重大装备专项政策支持力度,创新金融扶持方式,引导和支持社会资本进入智能制造领域。

　　从智能制造的实际发展进程看,无论是德国的工业 4.0、日本的互联工业、英国的工业数字化,还是美国通用电气公司倡导的工业互联网,目前仍以数据采集、系统集成、互联互通、数据分析、决策支持等为主,即使在某些环节应用了人工智能的相关技术,也主要是机器视觉、语音识别等弱人工智能技术,智能制造仍处于数字化、网络化的初级发展阶段。因此,如何跳出两化融合评价的框架,创新性地凝练出能够表征智能制造自感知、自学习、自决策、自执行、自适应等功能特征的新指标,并通过调查问卷形成量化分析的样本数据,以探索前沿、引领实践,是本课题的难点所在,也是未来需要进一步深入研究之处。

第一章　转型升级相关研究综述

　　产业转型升级现有研究成果主要集中在对其概念界定、特征分析、影响因素分析等方面,理论基础主要来自于产业生命周期理论、战略管理理论和组织变革理论,研究重点是传统制造业在新技术新业态挑战下,增长普遍放缓、生存空间缩小、产业环境渐趋严峻,制造业企业如何通过跨产业部门转型以及技术改造升级等路径,实现企业转型升级,进而带动产业升级和经济增长。对这一新趋势,学界从产业经济学理论、竞争力理论、比较优势理论等相关理论框架进行了分析研究,理论成果呈现出多视角动态化趋势,多学科交叉融合,如智能制造的概念、内涵、特征、模式及影响因素等研究,智能制造与传统制造业的内在关系和转换路径研究,智能制造对企业生产、经营、管理等影响研究,等等。

1.1　跨部门转型研究综述

　　企业的产业转型成功与否直接影响到经营绩效。因此,本章将对产业转型的相关文献进行整理和评述,针对"何为产业转型""产业转型的行为模式有哪些""产业转型的影响因素有哪些""产业转型的绩效如何评价"等关键问题,把握前人的研究脉络,梳理已有的研究成果,明确本研究的切入点;在此基础上,提出了本研究对产业转型的概念内涵、行为模式、影响因素、绩效关联的定性定义和定量界定,从而构建起本研究的理论基础。然后从突破生命周期、变革战略管理和实现持续成长这三个角度,来分析产业转型的行为。最后提出产业转型研究的三个假设前提:决策目标导向差异性、决策行为的有限理性、企业能力资源有限性。

产业转型现有研究成果主要集中在概念界定、特征分析、行为模式分析、影响因素分析等方面,研究方法以定性描述和案例分析为主;在企业经营绩效的文献方面,研究成果主要集中在概念界定、影响因素、评价指标这三个方面。可以看到,企业无论是出于何种原因、采用何种方式进行产业转型,其最终目的都是为了改善企业的经营绩效、实现企业的持续成长。

1.1.1 产业转型的概念内涵

就已有研究看,与产业转型相近的概念包括组织转型、战略转型和业务转型等,侧重点各有不同,但根本出发点都是:为了适应产业环境趋势性变化,企业从根本上转变组织机构、战略方向或业务领域,以达到突破产业生命周期限制、实现可持续发展的目的。对产业转型的概念界定,学者们的研究成果大致可以分为以下三类:

一是从组织行为变革的角度界定。Barbara Blumenthal & Philippe Haspeslagh(1994)强调凡是组织转型,不同于并购重组或组织结构重构,而是组织中的人的行为也发生了根本性变化,也就是说从员工行为变化的角度来界定组织转型[15]。可见,与一般的组织变革定义不同,该定义对转型的理解更注重于员工行动是否发生变化。Muzyka D.,de Konig A. & Churchill N.(1995)认为组织转型可以从组织行为和组织逻辑两个维度来考察,认为转型是组织行为的根本性变革,是变革的一种高级模式,即转型通过组织逻辑的根本性变化,来实现组织行为的根本性变化[16]。邵洁笙(2006)等认为,转型是指从简单加工导向结构向精加工导向结构的转型,产业组织转型是指受产业环境变化的影响,组织的构成要素以及要素之间的关系发生变化并形成新的组织结构[17]。凌文昌(2004)等认为组织转型主要有三种类型:一是通过经营行为的调整就可以实现的转型;二是能够改善战略绩效的组织转型,这种转型企业需要通过兼并重组等重大战略行动才可以实现;三是能够实现可持续发展的组织转型,这种转型需要企业通过建设学习型组织、倡导全员创新、变革企业文化、提升组织能力等来实现[18]。

二是从战略管理角度进行界定。Doz Y. & Thanheiser H.(1993)认为转型就是对公司的愿景和业务范围的重新界定,强调战略愿景、业务范围的整合[19]。Prahalad C.K. & Oosterveld J.P.(1999)指出转型是企业具体战略和管理过程在战略思想驱动下的变革,转型事关整个企业组织而不是企业局部的改良,转型往往会触及企业愿景、企业文化等深层次内容,必须通过系统重构企业战略、能力结构、业务结构、管理和运营系统等才能够实现[20]。拉里·博西迪和拉姆·查兰(2005)认为,企业战略转型就是对事关企业全局性、长期性、基础性等问题的重大调整、变迁的过程[21]。康荣平(1999)等认为产业转型是一种战略调整层面的企业行为,即企业根据其对产业发展和企业自身条件的认知,退出衰退产业进入新产业;产业转移战略分为逐步转移战略和完全转移战略,即转移可以逐步进行,也可以一次性到位[22]。姜琳(2002)认为,产业转型是通过技术升级以完成产业升级,或者是旧产业退出并进入新产业,转型的本质是在变化环境下原有要素的战略性重新组合[23]。李廉水等(2004)指出,产业转型是企业对其产业战略定位进行调整,运用资源优势,摆脱经营困境进而获得新的经济增长点的重大战略行为[9]。芮明杰(2004)指出,战略转型是指在产业环境发生重大变化,或者企业遭遇经营管理中的重大失败时,为了谋求生存、实现可持续发展,企业彻底放弃原有战略理念,对原有组织结构、人力资源、经营管理以及企业文化等方面进行根本性变革,以重新构建企业核心竞争优势的战略行为[24]。因此,转型过程可以看作是企业适应环境变化的能动性过程。朱俊(2004)认为,战略转型研究的核心内容是战略的方向性变化,战略转型是指企业为了生存与发展,在预期外部环境和内部推荐即将发生重大变化时,对业务结构和业务内容进行了根本性调整[25]。于德贵(2005)认为,"转型不是一种选择,而是一种战略",虽然说转型由方方面面的微观变革叠加而成,几乎涉及了公司运行的所有方面,但转型是触及根本的整体变革,是立足长远发展而实施的变革,而不是微观变革的简单叠加[26]。与微观变革的根本不同在于,转型的关键是总体战略转型,是发展大方向的根本转变。从这个意义上说,战略性业务转型是企业"自适应"特征的一种体现,属于战略管理的范畴。

三是从业务领域变化的角度界定。James Martin(2000)指出,转型就是企业为了适应产业环境变化,提高在市场上的竞争能力,从一条价值链向另一条价值链跃迁,或者说对企业战略进行彻底改造重建或是对企业主营业务进行重新选择的过程[27]。李廉水(2004)指出,企业的业务转型,是扩大业务领域、保持和提升竞争优势或改变业务领域、摆脱衰退、重新获得竞争优势的活动,其目的是为了充分运用资源优势[28]。可见,业务转型既包括退出某一衰退产业,转而进入另一高成长性的新产业,也包括从某产业的一个衰退的细分产业领域退出,转而进入另一高成长性的新产业领域。李烨(2005)认为转型是企业为促进资源配置效率的最大化,对企业自身所具有的技术和知识资源进行重组的过程;从结果看,业务转型是指企业核心业务的内容和性质发生根本性变化后,企业的组织结构、生产经营、管理模型、企业文化等均发生根本性变革的过程[29]。这里所指的企业转型,是指的由业务转型为肇始,进一步导致组织架构、管理模式、运营方式、企业文化等多维度的转型,最后导致整个企业的转型。根据企业变革理论以及实践应用看,企业转型与企业重构、企业再造等相比,更加彻底和具有根本性,实质上是企业重构、企业再造等的深化。企业重组的驱动因素既有内部因素,也有外部因素,是难度最大的一种变革,也是企业变革的最高形式[30]。肖丕楚(2005)认为,产业转型就是指企业退出原有行业领域、进入新的行业领域[31]。张有新、李卫锋(2006)认为,转型是指从原来的衰退产业中退出,转而进入高成长性的新产业中重新经营。当企业所在原产业已进入成熟或衰退阶段,并且在原产业中通过提高竞争地位带来的利润非常有限时,产业转型是提高企业盈利水平的一种手段和途径,有助于进入利润水平较高且处于成长阶段的新产业[32]。

1.1.2 产业转型的行为模式

国外的研究着重从产业转型的变革程度和方法上划分,如 Barbara Blumenthal & Philippe Haspeslagh(1994)把转型分成运营改进、自我革新和战略转型这三种方式,从对企业影响深远的程度和实现所需时间长度上看,战略转型对企业的影响最大,是一项长期而艰巨的战略行动,自我革新、运营改进在这两方面依次递增[15]。Lamont(1993)等人研究了衰退产业中的企业竞争战略变化,提出缩减投资、选择性投资、增加投资以及保持当前状况等竞争战略[37]。

国内相关研究主要从产业转型的业务模式和途径上划分。芮明杰(1999)指出,产业转型包括:竞争规则创新、重化产业界线、创造全新产业等类型[38]。张米尔(2001)从宏观层面上提出了产业延伸、产业更新和复合模式转型等三种转型模式[39]。李廉水(2004)等指出,跨行业转型包括优势转型、劣势转型、突变转型、投资转型、借壳转型和培育转型等六种方式[9]。陆国庆(2003)认为,在衰退产业中,企业可选择以下四种转型战略,一是扩张转型,即努力扩大市场份额;二是捍卫转型,即努力维持市场优势竞争地位;三是收割转型,即获利之后逐步稳妥退出;四是迅速退出战略,在产业衰退过程中尽早清理投资[40]。企业采取哪种模式来进行转型,取决于产业是否发生衰退、以及企业在该产业中所处的竞争地位。肖丕楚(2005)根据产业转型后业务的构成比重,将产业转型模式分成三类:一是现有主业彻底转变,二是新主业和老主业并举,这是一种比较温和的转型战略,三是产融结合,即产业资本与金融资本彼此融合,互相渗透[31]。

可见,关于产业转型的行为模式,目前还没有比较一致的看法,本研究认为,企业转型离不开转型时机、转型方向、转型方式、转型跨度、转型速度和转型程度等战略考量,可以从这几个角度来深入分析,以尝试打开产业转型这一"战略黑箱"。

1. 转型时机

关于转型时机,学者们的认知和分类大致相同,认为转型时机就是对企业转型前经营状态的描述,据此可分为危机(劣势)转型和非危机(或优势、前瞻)转型。如吴利华(2004)认为,按照转型前企业与所在行业相对竞争力对比情况,可以将转型时机分为优势和劣势两类,优势转型是指企业在所处产业中处于比较领先的竞争地位、该产业也尚未出现明显衰退态势时,企业未雨绸缪、抢占先机,主动谋划实施产业转型;劣势转型是指企业处于经营困难期,或者所处产业进入衰退期,企业为了摆脱困境、继续生存下去,从原产业退出并进入新产业的行为[41]。朱俊(2004)认为,企业战略转型时机可分为两种,一种是前瞻性转型或非危机状态下的转型,指的是产业环境恶化给企业造成了潜在的危机,使得企业发展前景黯淡,企业提前采取行动实施转型;另一种是危机状态下的转型,是指产业环境严重恶化,企业生产经营陷入生死存亡的困境,企业不得不实施的战略转型[25]。企业战略转型能否取得成功,关键在于选择的时机是否合适,操之过急容易失败,过于滞后又会错失良机,要具体分析企业外部环境和内部条件的相对变化情况,找准合适的时机进行战略转型。

本文认为,转型时机的把握,反映了企业对所处产业前景的判断和对自身发展未来的认识,反映了企业对自身知识和能力资源的评估;转型时机是前瞻型还是危机型,可以用企业自身的经营绩效水平,与所处行业绩效水平的差异来作比较分析。前瞻转型是为了进入盈利水平更好、发展速度更快的行业,从而使企业获得更大的发展空间;危机转型是为了使企业摆脱产业衰退的困境。前瞻转型是指企业主动实施的转型行为,是一种在产业发展较为成熟、企业地位较为稳固的形式下超前决策、实施的转型行为,体现了居安思危的发展理念。危机转型是一种衰退中的转型,是企业面临存亡危机时的被动转型。因此,企业需要对其经营状态不断进行适时准确的评估,以便伺机而动。

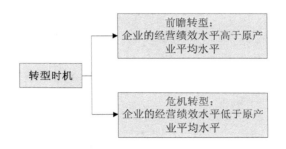

图 1-1　转型时机分类

在实施产业转型战略前,企业首先要确定的是,自己是否处于危机状态? 如果处于危机状态,到底是盈利危机还是成长危机或是两者兼而有之? 明确了危机类型,就可以在转型方向选择上有所针对,例如,如果企业的转型时机是盈利危机,那么企业可能重点考虑的转型方向就是盈利导向。

2. 转型方向

转型方向不是简单地选择新的产业,而是指在产业转型前企业的决策导向,也就是说根据何种原则、关注那些重点,来定位拟转型进入的目标产业。张米尔(2003)等认为投资方向的选择,在企业转型过程中非常重要,投资决策要从投资机会决策开始,是寻求投资机会,进而明确投资方向的过程[42]。不同的企业对拟转型的目标产业关注的重点也不同,据此可以将转型方向划分为三类:盈利导向转型、成长导向转型和综合导向转型。所谓盈利导向转型,是指转型时更关注新产业的盈利水平特别是当期盈利水平；所谓成长导向转型，是指转型时更关注新产业的未来长远走势；所谓综合导向是指选择产业时两者都关注。

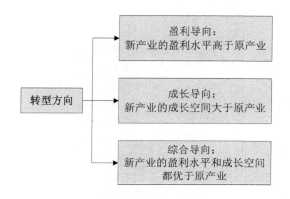

图 1-2 转型方向分类

当然，现实中也有企业转型进入的新产业，在盈利能力和成长能力方面都不如原产业，可能有两种原因：一是转型方向的选择在很大程度上是企业主观分析和判断的结果，存在与实际情况有偏差的可能，即跨产业转型的目标产业识别风险，二是企业重点考虑的不是产业的盈利水平或成长空间，而是别的因素（如存在理想的并购对象、或有利的资源整合政策环境等）。本文这里不作探讨。

在产业转型实践中，转型方向直接决定了企业在新产业中的盈利能力和未来的成长空间，因此，如何兼顾眼前利益与长远发展，是企业必须处理好的利益关系。

3. 转型跨度

对产业转型跨度进行刻画，是为了描述企业利用其在原产业技术和知识资源的程度。转型前后企业所处的产业和市场相关程度越高，企业转型时付出的成本相应就会越低,也更加容易成功转型[32]。吴利华(2004)根据中国证监会《上市公司行业分类指引(2001 版)》的行业编码方法,定义了产业的关联性,认为企业在进行产业转型的过程中,产业关联程度越小,转型的风险越大[41]。其实,这里所说的产业关联程度小(大),就意味着产业转型的跨度大(小)。

本文认为,转型跨度就是指转型前后产业的相似程度,或者说新旧产业的产品(业务)关联性。转型跨度与转型成败密切相关,其原因是:产业跨度越大,将导致企业在原产业中积累的知识和技能,在进入新产业后价值越小,使得企业经营绩效越差;反之反是。本文根据最新版《国民经济行业分类》(GB T4754-2017)(下面简称《分类》)中的行业分类标准来界定转型跨度。如,C2652 编码规则是:"C 制造业"(门类)——"C26 化学原料和化学制品制造业"(大类)——"C265 合成材料制造"(中类)——"C2652 合成橡胶制造"(小类)。产业间转型跨度的具体界定方法见下表。

表 1-1 转型跨度的界定方法

转型跨度	说明	举例	赋值
强相关转型	新旧行业代码中字母及前三位数字不变,第四位数字发生变化(小类变化)	C3913-C3914	1
弱相关转型	新旧行业代码中字母及前两位数字不变,从第三位数字开始变化(中类变化)	C3913-C3922	2
基本不相关转型	新旧行业代码中字母相同,前两位数字开始变化(大类变化)	C3913-C3874	3
完全不相关转型	新旧行业代码中字母不同(门类变化)	C3913-E4710	4

根据上表的界定方法,将转型跨度分为相关和非相关转型两大类,并分别进行赋值,以便后文的定量分析。转型跨度的分类如下图所示。

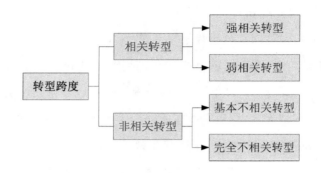

图1-3 转型跨度分类

由此可知,根据《分类》的行业编码规则,强相关转型意味着转型前后企业所在的行业为同一中类,但属于不同小类,新旧行业的关联性较强;弱相关转型是指转型前后企业所在的行业为同一大类,但属于不同中类,新旧行业有一定的关联性;基本不相关转型是指转型前后企业所在的行业为同一门类,但属于不同大类,新旧行业之间基本没有关联性;完全不相关转型是指转型前后企业所在的行业门类完全不同,新旧行业之间完全没有任何关联。完全不相关转型是跨度最大的一种转型。

4. 转型途径

李廉水(2004)等,将转型途径分为投资转型、借壳转型和培育转型三种方式[9]。所谓投资转型是指企业通过股权投资等方式进入新产业。借壳转型是指通过资产重组实现借壳上市的跨行业转型的方式。所谓壳公司(Shell Company)是指经营业绩不佳,但仍然保留上市资格的公司[43]。培育转型是指企业在聚焦主业进行经营发展时,在目标新兴产业领域投入一定资源,发展新的产业项目并逐步将其培育为主营业务。

本研究将转型途径分为内生转型与外生转型两类;其中,内生转型一种渐进型的转型,转型过程一般相对较长,多用于企业处于非危机状态下的转型;外生转型是指企业主要借助外部技术和知识资源来实现转型,与内生转型相比较,外生转型是一种相对更容易实现的转型战略。从我国上市企业的产业转型实践来看,大部分企业都是通过资产重组的方式来实现外生转型的,因此,可以借鉴资产重组的方式将外生转型细分为股权转让、收购兼并、资产置换这三种途径。转型途径的具体分类见下图。

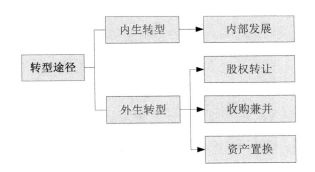

图 1 - 4　转型途径分类

内部发展是指企业在聚焦原有主营业务发展的同时,在其他新兴产业领域有预见性地培育新的业务,随着新业务逐渐成长壮大,成为企业可持续发展的新动能。内生发展转型主要发生在企业内部,企业对产业转型有着业已明确的战略目标和发展路径,在原主业还未出现衰退的时候,就有计划、有目的发展新主业。具体发展的方式可以包括自主技术研发、合作技术研发、技术引进、技术改造等[179]。通常内部发展需要经过缜密的市场调研,通过技术创新等手段,形成新的生产能力,建立新的产品配销渠道等过程,对企业自身的能力资源要求比较高。

5. 转型程度

李业等(2001)用企业转型后新的主营业务的销售收入占总销售收入的比重来衡量业务转型的程度[183]。即设:

$$\sum_{i=1}^{m} S_i (i = 1, 2, 3 \cdots\cdots m) \text{ 为转型后原主营业务的销售收入}$$

$$\sum_{j=1}^{m} R_j (j = 1, 2, 3 \cdots\cdots m) \text{ 为转型后新主营业务的销售收入}$$

则有:$K = \dfrac{\sum\limits_{j=1}^{n} R_j}{\sum\limits_{i=1}^{m} S_i + \sum\limits_{j=1}^{n} R_j}$。$K$ 值即为企业业务转型的程度。

吴利华(2004)提出用新行业销售收入占全部销售收入比重的变化来衡量转型的程度,比重小于 25% 时为多元化经营;在 25%～50% 之间为轻度转型;在 50%～75% 之间为中度转型,在 75%～100% 之间为高度转型;当企业完全退出原产业,新产业销售收入为所有销售收入时即为完全转型[41]。

在前人研究的基础上,本文用主营业务收入比重的变化情况来衡量转型程度,分为轻度转型、中度转型、高度转型和完全转型 4 类。具体界定方法见下表。

表 1－2 转型程度的界定方法

	内涵说明	界定标准
轻度转型	企业在产业归属上已经属于新产业,但新主业收入尚未占据全部主营业务收入半数以上	$NI < 50\%$,且 $NI - OI \geqslant 30\%$
中度转型	新主业收入已经超过全部主营业务收入的半数以上,但旧主业仍占据重要地位	$50\% \leqslant NI < 70\%$
高度转型	新主业收入已成为全部主营业务收入的绝对主力,但旧主业仍占据一定地位	$70\% \leqslant NI < 90\%$
完全转型	新主业收入基本等同于全部主营业务收入,旧主业已经不复存在,或不再是主业之一	$90\% \leqslant NI < 100\%$

说明:1. 其中 NI 为新产业的主营业务收入占总的主营业务收入的比重,OI 为旧产业的主营业务收入全部主营业务收入的比重。2. 本文界定企业是否完成转型的标准是,新产业主营业务收入占全部主营业务收入比重超过 50%,或者新产业主营业务收入占比不到 50%,但比原产业主营业务收入比重高出 30%。3. 当原主业占全部主营业务收入的比重不足 10% 时,不再将其列为公司的主营业务之一。故将完全转型的标准定为新产业主营业务收入比重大于等于 90%,而非等于 100%。

企业在产业转型的过程中,究竟该如何安排新旧主业的结构比重,需视新主业成长的具体情况具体对待。如果新主业的盈利没有达到预期的成长速度,就不适宜完全进入,而应采用新旧主业并存的战略,实施轻度或中度转型;反之,如果新主业成长很快,进行高度或完全转型,就能更大程度的共享新产业带来的盈利空间。可见,转型程度的确定需要根据经营环境动态变化,而不像转型时机、方向、跨度、途径等一经确定,就不轻易改变了。

6. 转型速度

转型速度用于表征企业转型进入新产业的速度。本文是用上市企业转型完成年至转型完成后 3 年这四年的转型程度均值除以转型的时间跨度 ΔT（即从转型开始到转型完成所用的时间，以年为单位），来计算转型速度的。关于转型开始到完成的时间界定，当某项业务收入的比重大于等于 10％时，才列为公司的主营业务，因此本文认为：转型开始的时间就是当新业务收入占所有主营业务收入的比重超过 10％时；转型完成的时间就是新业务收入占所有主营业务收入的比重超过 50％，或者比其他任一主营业务收入的比重高出 30％时；这两个时点之间就是从转型开始到完成的时间。

根据转型速度的快慢可以将转型分为两类：渐进转型、突变转型。当某企业的转型速度大于所有样本企业的速度均值时即为突变型；小于均值即为渐进型。

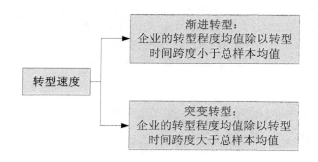

图 1 - 5　转型速度分类

转型速度的快慢和转型时机、转型途径都有关，当企业在危机状态下，采用外生转型的途径时，转型速度相对较快；当企业在前瞻状态下，采用内生转型的时候，转型速度就会相对较慢。企业在具体的转型过程中，速度的快慢应依实际情况而定，不同的转型战略应采用不同的转型速度。

1.1.3　产业转型的影响因素

产业转型的影响因素,可以从转型会否发生的诱发因素、转型能否成功的决定因素,这两个维度进行考察。首先,在转型的诱发因素方面,通过对已有文献的整理,可归纳为如下三个方面:

1. 企业外部环境的压力

企业外部环境的压力,主要指经济全球化引发的竞争日益激烈以及产业结构的不断调整,使企业被迫采取转型行为。

Porter(1991)指出,企业经营的成败,不仅取决于企业在产业内的竞争地位,还取决于企业是否处在具有长期赢利能力的优势产业中[44]。Porter(1996)认为竞争战略的选择,由产业结构和企业定位两个核心问题构成,产业结构是指产业长期的赢利能力即产业吸引力,企业定位是指企业在产业内的相对竞争地位[45]。如果所处产业已经进入衰退状态,企业即便在这个产业中处于领先地位,但受制于整个产业的利润空间所限,其利润水平也只会保持在较低的水平,企业努力提升在这一产业中的领先地位也于事无补;要想保持可持续发展,企业必须根据产业环境的变化,重新选择理想的新产业进行产业转型[46]。Prahalad(1994)指出,企业进行产业转型是难以避免的,其原因在于产业结构变动、竞争的全球化以及技术变革的复杂性等[47]。Michael & Charles(1996)指出,产业的兴衰更替是自然规律,在这一过程中无数未能及时转型的企业被淘汰,即便曾经是行业的领导者也不能例外,他们在以往经营过程的成功经验,往往会成为导致经营失败的惯性[48]。

赵宇龙等(1999)通过对上市公司产业转型的实证分析,得出结论认为,各行业盈利水平差异巨大,成长性较好的行业的平均市盈率水平明,显高于成长性较差行业的市盈率水平,因此上市公司大量跨行业转型行为有其必然性[49]。张茂林(2002)认为,产业结构变化是引发企业战略转型的深层次原因,市场竞争激烈程度的日益加剧,是导致企业实施战略转型的直接原因[50]。张米尔(2003)认为,产业的兴衰交替是客观的经济规律,企业必须保持对自身生存环境的敏感,当原有产业已难以为企业提供足够的成长空间时,适时进行产业转型便成为追求持续成长的企业的明智选择[51]。陆国庆(2001,2003)也持类似观点,他认为,原产业进入衰退期,是制造业上市企业最主要的转型动因。此外,资源枯竭往往是采掘业、冶炼业和开发区类制造业上市企业衰退和转型的核心因素;领先竞争地位的失去,也是制造业上市公司转型的重要原因。企业要仔细研究所在产业出现衰退的原因,慎重决策是否转型、采取何种方式进行转型[40,52]。王静(2003)认为,在市场集中度低的传统行业,利润空间小、盈利水平低,不少企业会主动选择采取转型行动,而在市场集中度高的传统行业中,情况较为复杂,一方面处于垄断地位的龙头大企业,由于可以获取垄断超额利润,这部分企业一般没有转型的意愿,而另一方面不具备垄断地位的广大中小企业,因为随时可能被淘汰,往往迫于生存压力而主动进行产业转型[53]。吴利华(2005)认为,产业转型的动因包括原产业的衰退减少了企业的发展空间以及新产业的盈利为企业提供了发展机会[54]。

2. 企业内部发展的需要

企业内部发展的需要,主要是指来源于改善绩效、获取持续竞争优势的动力,驱使企业进行产业转型。

Fiegenbaum A. & Thomas H. (1990)通过对美国 1970—1984 年

企业绩效的实证研究表明：明显的绩效下降会导致企业采取冒风险的战略行为[55]；同时，Zajac EJ. & Kraatz MS.(1993)的研究也证实了公司绩效方面的压力和组织进行大变革之间呈现正相关。大多公司采取重大战略活动（如产业转型）都源于经营绩效的下滑[56]。Kotter(1995)认为经营绩效变差是危机的一种典型表现，危机带来的紧迫感，有可能引发成功转型，但如果危机并没有得到正确对待，或者内部的负面影响过大，超出了企业控制范围，那么危机的正面效应就会被抵消[57]。V.L. Barker & L.M. Duhaime(1997)认为企业经营绩效的下滑，会使得企业进行战略变革；企业经营绩效恶化的原因主要有两方面，一是企业所处的产业衰退，二是企业自身所拥有的技术与知识的资源，不能转化为产业竞争优势。企业管理水平、企业文化特征、组织机构特点等等决定了企业战略变化实施的能力与效果[58]。

周长城等(2002)认为，转型是企业生命周期中继创立、成长后的第三个重要阶段，进入企业生命衰退的阶段，就必须进行转型，唯此才能在变化的环境中蜕变生存[59]。晏国祥(2002)指出，企业往往在陷入严重危机时能够转型求生，但在危机不严重的状态下，企业转型的效果却时常不尽人意；究其主要原因，在非危机或危机不严重的状态下，企业变革的动力不足，甚至由于对既得利益的留恋，和对变革不确定性产生的恐惧，对变革形成抵制，导致变革不彻底甚至失败[60]。李烨等(2006)认为，企业主动实施转型是基于实现企业价值未来增值最大化这一主体目标进行的，即通过构筑新的战略发展平台，促进企业更好的发展，实现持续成长[61]。

3. 企业外部环境压力和内部发展需要的交互作用

还有部分学者认为，产业转型是企业受到外部环境压力和内部成长张力两方面共同作用的结果。

杨振(2004)指出,企业实施战略转型的原因包括内外两个方面,内部原因主要有获取竞争优势和企业发展需要两个方面,外部原因主要包括宏观经济环境变化、产业结构调整和市场竞争日趋激烈等[62]。李廉水等(2004)研究认为,企业转型可以划分为以下几种类型,一是为了实现利润最大化从传统产业向高新技术产业转型,二是为了产业链补链强链展开对上下游相关企业并购,三是为了多角化经营在原有产业基础上扩展新的业务范围[9]。余博(2004)指出,企业战略转型是外部环境和内部条件交互作用的结果,既是企业自身发展的需要,是为了不断获取竞争优势、实现可持续发展,也是产业赢利水平差异的结果,是为了不断退出赢利水平低的行业、进入赢利水平较高的行业[63]。肖丕楚(2005)认为,传统优势企业实施产业转型,一般出于如下原因:原有产业的衰退、企业所用资源的严重枯竭、存在更好的市场投资机会[31]。王吉发等(2006)指出,由于企业在所处行业中的竞争能力降低、竞争优势衰退,或者由于企业所处的行业发生衰退、导致企业发展前景黯淡,迫使企业不得不主动或者被动地进行产业转移,以寻求新的经济增长点、实现企业的生存发展[64]。

综上所述,企业转型主要是外部产业环境发生了变化(出现衰退)和企业内部发展面临困境(绩效下滑),通过进入新的产业,重新建立市场竞争地位,实现可持续发展;当企业绩效出现下滑趋势,或增长日趋缓慢时,为了拓展自身的成长空间,也可以主动进行转型,这是企业自适应和自组织能力的一种具体体现。

其次,在转型能否成功的影响因素方面,主要观点其实也可以分为产业因素和企业内部因素两个方面。

如朱俊(2004)认为,战略转型主要取决于两方面的因素,一是产业的吸引力,二是企业自身的资源优势,但是否进入那些吸引力较大的产业,还需要衡量该产业的竞争激烈程度以及企业自身的技术和知识资源等内部条件[25]。芮明杰等(1999)认为,要以进入未来产业或改变现有产业结构为出发点来制定企业战略,以产业创新为核心的转型战略,关键是要培育产业预见能力和核心竞争能力[38]。

多数研究认同企业内部因素的决定性作用。普拉哈拉德(Prahalad,C. K.)和哈梅尔(Hamel,G.)(1990)认为,企业实现优势市场地位的关键在于核心能力,核心能力能够帮助企业在从事不同业务时发挥关键作用,因此需要着力进行培育和保护,否则可能会退化。因此,企业要经常对自身的技术和知识等核心能力进行评估,特别是涉及产业转型等重大战略决策时[65]。当产业转型所产生的巨大变化要求企业作出迅速反应时,如果企业还用原来的战略管理思想显然已经力不从心,这就涉及贝蒂斯(Bettis,R. A.)和普拉哈拉德(Prahalad,C. K.)(1995)所研究的主导逻辑转变(Dominant Logic)的问题,他们认为主导逻辑是企业在长期从事某项业务的过程中,逐渐形成的思维习惯和行为方式,当企业进行产业转型时,迫切需要重新思考经营管理的战略框架,学会转变其主导逻辑[66]。Teece(1997)等指出,在变化的经营环境中,企业产业转型等战略行动的成功,根本在于企业独特的资源的不断发展和重新构建,包括有形资源和技术、能力、品牌、文化等无形资源[67]。Barney(2001)认为企业的内部资源状况是转型能否成功的关键[68]。杨振(2004)指出,企业战略转型能否成功,有四个关键要素,分别是企业家、资源、产业和实施,企业家的意识、眼界、决心和毅力是战略转型成功的前提条件,企业自身拥有核心资源的数量和质量是转型的基础,企业能否对产业发展趋势作出准确判断,决定了战略转型的方向,而转型战略的有效的实施是转型成功的保障[62]。陈朝晖(2005)指出,决定企业转型的因素很多,但企业自身的资源和能力是转型成功与否的关键。不同企业之所以经营效益出现差异,主要是由于企业具有不同的技术和知识等资源以及相关能力,相比较而言,产业结构作为"外因"对经营效益的影响没有企业自身资源和能力等"内因"大。所谓"资源"是指能够给企业带来竞争优势的要素,所谓"能力"一般是指企业整体运用和协调资源并将其发挥作用的能力[69]。由于资源和能力的排他性、非流动性,因此资源和能力是企业构建竞争优势的基础。王德鲁、张米尔等人(2005,2006)认为,在产业转型过程中,新的技术能力对于培养和再造企业核心竞争能力意义重大,并成为决定企业转型成功与否的关键因素[70-72]。

可见,转型决策的影响因素,不同于转型能否成功的影响因素,前者的主要影响因素是"外因"即产业结构和产业环境,后者的主要影响因素是"内因"即企业自身的技术与知识等资源及相关能力。

1.1.4 产业转型的绩效关联

1. 经营绩效的概念界定

关于绩效的概念内涵,Lebas M. J.(1995)认为绩效是用于测度企业目标是否成功达成[74]。杨国彬等(2001)指出,企业经营绩效是指在一定经营期内,企业的资产运营、财务效益、资本保值增值等方面的经营成果[75]。刘志彪等(2004)将绩效定义为企业经营者合理配置企业内外各种资源,以达成企业目标的实现程度[76]。王玉荣(2005)认为,企业绩效一般可以用财务指标来衡量,如总资产收益率(ROA)、净资产收益率(ROE)和主营业务收益率(CPM)等[77]。

2. 经营绩效的评价指标

Wei、Xie 和 Zhang(2005)[85]用 Tobin's Q 等企业价值指标来衡量经营绩效。Delaney 和 Huselid(1996)采用了相对绩效的衡量方式,将绩效衡量分为组织绩效和市场绩效两部分[87]。随后,又有研究者采用经济增加值(Economic Valued Added,EVA)方法,来分析评估企业的经营绩效。EVA 方法由美国斯特思·斯图尔特(Stern Stewart)咨询公司创立,设计理念来源于剩余收益(Residual Income,RI),通过对税后净利润和资本作出调整处理后得出[88,89]。许庆瑞(2002)等认为,EVA 实际上是在对公司净利润(Net Profit)进行调整的基础上,扣除公司资本的机会成本,用于衡量企业财富的增加量,其目的在于使公司经营者以股东价值最大化为行为准则,积极谋求企业战略目标的实现[90]。后来,王平心(2006)等,建立了整合 EVA 的绩效评价(IEPM)模型,以中国沪深两市 A 股上市公司为研究对象,采用 BP 神经网络检验整合 EVA 的绩效评价模型相对于传统绩效评价模式的有效性,发现整合 EVA 的绩效评价模型在评价上市公司的经营业绩时要明显优于传统绩效评价模式,而且其预测能力也显著强于传统绩效评价模式[91]。

此外,也有不少学者采用了多个会计类指标。如:陈晓和江东(2000)选用了净资产收益率(ROE)和主营业务利润率(OPE)两个指标作为衡量公司经营业绩的变量[92]。陈小悦(2001)等运用净资产收益率(ROE)、主营业务资产收益率(CROA)来衡量公司经营绩效[93],Sun and Tong(2003)[94]也是采用多个会计类指标。何旭(2004)指出可以从上市企业的盈利能力(每股净利润、净资产收益率、主营业务利润率)、偿债能力(资产负责率)、成长能力(净利润增长率)、获取现金能力(盈余现金保障倍数)和股本扩张能力(每股净资产)四个方面共 7 个指标来衡量经营绩效[95]。姚俊等(2004)用总资产收益率(ROA)、净资产收益率(ROE)来衡量企业经营绩效[97]。徐莉萍等(2006)认为,从上市公司的盈利能力、经营效率、成长性和生产效率四个方面,采用了九项指标:即资产回报率(ROA)、资产现金流量回报率(CFOA)、销售利润率(ROS)、资产周转率(AT)、销售成本率(CGS)、资产费用率(EXP)、销售成长率(GRO)、单位员工销售净额(SEMP)和单位员工占用资产(AEMP),来衡量公司的经营绩效[98]。

综上所述,关于企业的经营绩效评价,在方法上既有单一指标(如 Tobin's Q 值、EVA 等),也有指标体系,单一指标简明直观但不够全面,指标体系更加全面,但选取不同的指标、设置不同的权重都会影响评价结果的客观性。可见,无论是单一指标还是多重指标绩效衡量都各有优缺点,具体如何衡量,需根据具体研究问题,具体对待。

选择哪种类型的企业经营绩效评价指标,本研究赞同使用多个绩效指标,从多维度对经营绩效进行全面考察。本文没有采用文献经常使用的 Tobin's Q 等指标,原因在于:首先,使用 Tobin's Q 的前提条件是上市公司的市场价值可以被看作是其未来现金流量现值的无偏估计(Lang and Stulz,1994)[99],尽管研究发现中国股市的有效性程度正逐步提高(史永东等,2002)[100]。此外,相比美国等发达国家较为成熟规范的证券市场,我国证券市场的法治化、规范化程度仍然具有提升的空间,因此,在我国相关研究中采用 Tobin's Q 等指标可能会得出不太准确的结论。由此,本研究认为,采用会计类指标对中国制造业上市企业的经营绩效进行评价,可能是相对更为合理的方法。

为克服会计类指标难以反映公司长期业绩、容易受到人为操纵等问题（夏立军，2005）[101]，本研究拟从制造业企业的盈利能力（主营业务利润率、净资产收益率、资产报酬率）、成长能力（主营业务收入同比增长率、总资产同比增长率、净资产同比增长率、净利润同比增长率）和股本扩张能力（每股净资产、每股未分配利润、每股资本公积金、每股收益）这三个方面 11 项指标，通过因子分析法来综合评价企业的经营绩效。

3. 经营绩效的影响因素

企业经营性绩效受哪些因素影响？这些因素的重要性排序情况如何？学者们研究成果很多。大多数的研究认为，影响企业绩效的因素有规模、市场份额、治理结构、行业水平以及战略变革与环境变化[102]等。本研究将对转型行为与经营绩效之间的关系展开研究，因此，文献综述研究主要从产业因素和企业能力等对经营绩效的影响角度展开。比较发现，多数观点认为产业因素在转型与绩效关联中起到了更大的作用。

如迈克尔·波特（1997）认为，一个企业的成功取决于企业所处的产业吸引力和企业在该产业中的地位[46]。处于有利市场竞争地位的企业，也往往会由于身处发展空间受限、盈利水平下降的产业而不能够实现理想的盈利水平。根据竞争战略理论，企业的盈利能力取决于企业所在产业的盈利水平，和企业在该产业的市场竞争地位，换句话说，也就是企业的经营绩效很大程度上是由其所处产业的盈利水平决定的。Mcgahan（1999）认为，产业因素是影响企业经营绩效最重要的因素；产业效应（Industry Effects）对企业业绩的影响程度达 1/3 以上，并且具有可预见性，而企业效应（Firm Effects）和年度效应（Year Effects）不稳定且难以预测[11]。张建忠（2000）指出，传统产业特别是传统制造业出现了普遍衰退的趋势,我国上市公司中的传统行业企业也不能例外,近年来盈利水平总体不断下降,虽然原因多种多样,但身处盈利能力不断下降的传统产业是首要因素[12]。随着传统产业普遍衰退的趋势,相关上市公司面临着生死存亡的严峻挑战,身处传统产业的企业实施产业转型战略、进入新的产业,已经成为事关企业能否生存下去的关键抉择。陈晓芸(2001)对沪、深两市传统行业上市企业向高新技术产业转型的实践进行考察后,运用财务指标方法分析了企业进入高新技术行业后的绩效情况,指出上市公司转型进入新行业后经营业绩有了显著提高,而且通过不同途径转型进入高新技术行业的企业,经营绩效变化之间才存在着明显差异[13]。这说明了产业因素是影响企业经营绩效的重要因素。

也有少数研究更重视内因的影响,如李江涛(2003)认为只有衰退的企业,而没有衰退的行业,即任何行业都是经营业绩突出的企业;行业内企业绩效的差异,只能从企业自身的角度出发去寻找原因[103]。

综上可见,学者们关于产业因素、企业能力对公司经营绩效的影响持不同观点。因此,研究产业转型对经营绩效的影响,除了要考虑产业转型本身以外,还需要把企业自身的资源能力考虑进去,综合考察产业吸引力与企业的能力资源对产业转型的影响,以及产业转型又是通过怎样的路径来影响企业经营绩效的。

1.2 智能化升级研究综述

当前,国内外学者对智能制造的研究正在逐步兴起。对智能制造的研究包括多个方面,包括智能制造的理论研究、实践分析、相关研究等等。研究方法既有定性研究、机理分析等，也有案例分析、数量分析等。关于智能制造的升级研究，本研究系统回顾了国内外学者对智能制造的内涵与特征、行为范式、与转型升级之间的作用机理等方面的研究成果，比较分析了学者们对智能制造评价指标体系及其量化研究的有关成果。

1.2.1 智能制造的内涵界定

自上世纪 80 年代末美国首先提出智能制造概念后，主要发达国家纷纷从产业政策制订角度对智能制造进行了内涵界定。2008 年国际金融危机爆发以来，主要发达国家纷纷提出了新的工业经济战略规划，如德国工业 4.0 等等，以推动各自的制造业加快转型升级。适应这一全球性趋势，我国也迅速制订出台了"中国制造 2025"，明确了我国推进制造业转型升级的目标、路径和措施。各国关于制造业转型升级的战略规划的关注点各有不同，其目的都是在新一轮国际经济和科技竞争中抢占先机。

国内关于智能制造的研究大多是从内涵与特征界定、能力评价和影响因素分析等方面展开。内涵与特征界定方面，《中国智能制造绿皮书(2017)》提出，智能制造是在企业的设计、生产、管理、服务等各个环节，将新一代信息技术和先进制造技术融合应用，形成具有自我感知、学习、决策、执行、适应等功能的新型生产方式。姚丽媛等(2017)认为，在精确化、服务化、社会化的市场需求驱动下，智能制造主要呈现出生产过程高度智能、资源配置高度智能、控制系统化、产品智能化个性化等特点[143]。从机械工程学角度看，宋天虎(2017)认为智能制造未来应该包含对工作环境自动识别和判断，对现实工况作出快速反应,制造实现与人和社会的相互交流[144]。杨叔子等(2014)认为智能制造是增强制造系统的柔性和自组织能力,提高快速响应市场需求变化的能力[145]。熊有伦等(2013)指出,智能制造是通过人工智能技术的应用来解决制造中的问题,智能制造的支撑理论是制造知识和技能的表示、获取、推理,而如何挖掘、保存、传递、利用制造过程中长期积累下来的大量经验、技能和知识是现代企业亟须解决的问题[146]。卢秉恒(2018)指出,智能制造应具有感知、分析、推理、决策、控制等功能,是制造技术、信息技术和智能技术的深度融合[147]。左世全(2016)认为,制造业的数字化、智能化改造,使得产品的质量和性能产生了巨大改进,加工过程的效率和柔性化程度显著提高,资源、能源消耗程度和污染排放强度等也有明显改善;同时,使产品制造模式、生产组织模式以及企业商业模式等众多方面发生根本性的变化,它将引发制造业的革命性变化[149]。吕铁等(2019)提出,智能制造将推动制造业生产方式变革,促进全球供应链管理创新,引领制造业服务化转型,加速制造企业成本再造[150]。

1.2.2 智能制造的行为范式

近年来,智能制造实践形式不断丰富发展,出现了柔性制造、敏捷制造、云制造等多种形式,从根本上推动了制造业加快转型升级。黄群慧、贺俊(2013)指出,以智能化、数字化、信息化技术的发展为基础,以现代基础制造技术对大规模流水线和柔性制造系统的改造为主要内容,以基于可重构生产系统的个性化制造和快速市场反应为特点的"第三次工业革命",是一场嵌入在技术、管理和制度系统中的技术经济范式的深刻变革[14]。周济等(2018)总结了智能制造演进的主要范式,提出了新一代智能制造"人—信息—物理系统(HCPS)"的技术机理,以及制造业智能制造转型"并行推进、融合发展"的技术路线[8]。马为清等(2017)指出,随着智能制造的普及推广,制造业数字化、网络化和智能化发展趋势明显,新业态和新模式层出不穷,从价值链角度来看,制造业价值链各环节加快与智能制造技术融合,从研发、设计和生产到销售服务的各个环节都发生改变或被重新定义,除了核心技术上的创新,越来越多的企业正在加快业态创新和模式创新,实现从"结果"到"开花"的有机发展[154]。史永乐和严良(2019)指出,智能制造的核心技术能力架构主要由信息数字化能力、数据增值化能力、资源调整化能力、资源整合化能力、智能分析化能力构成[134]。

1.2.3　智能制造的影响因素

影响因素方面,易开刚等(2014)主要从要素环境、制度环境、产业环境等方面,探讨了民营制造企业智能化转型影响因素,并针对民营企业"低端锁定"问题,提出了相应突变路径[142]。孟凡生等(2018)认为,技术创新、国家政策、新一代信息技术、人才建设、集成互联、数字化转型等因素正向影响智能制造发展,并从技术创新、政策制定、信息技术等方面提出提高智能制造能力的建议[83]。王若明(2019)从研发投入、成果产出、新产品开发、互联网和基础设施等因素分析对智能制造能力的影响,提出推进科研、信息、物流等智能化核心要素建设,加快推进智能制造产业园区建设,培育"一带一路"沿线省区市的产业梯次,支持产业集群化发展等进一步提升智能制造发展水平的具体对策与建议[84]。于建雅(2017)以新能源装备制造企业为研究对象,深入分析驱动新能源装备制造企业智能制造发展的影响因素,并确定影响因素间的作用关系,构建我国新能源装备制造企业智能制造发展影响因素模型,并运用结构方程模型对其进行实证分析,阐明并量化了新能源装备制造企业智能制造发展的主要影响因素及影响程度[73]。李兆友等(2015)分析了我国制造业转型升级的动力机制,指出主要包括科学技术的发展、需求结构的升级、产业组织结构的改革和创新、全球经济梯度发展效应和国家战略的积极推动[120]。丁纯和李君扬(2014)对德国"工业 4.0"动因进行分析并指出,国际金融危机爆发之后,德国为应对来自国际国内的挑战,提出了"工业 4.0"战略;其中,外部挑战可区分为短、中、长期,自身动因涉及德国制造业劳动力成本上升和竞争力下降的双重压力,以及制造业规模相对萎缩的现实[78]。

1.2.4 智能制造的评价测度

能力评价方面,龚炳铮(2015)从生态环境、发展水平、企业效益三方面提出了智能制造企业评价指标体系,并通过专家分析方法进行综合评价[1]。董志学等(2016)把智能制造能力分为企业经营绩效水平、企业创新能力、产品流通能力、信息化服务水平等,利用因子分析法对我国 31 个省级行政区智能制造能力进行评价,得出相应得分并进行比较[2]。邵坤等(2017)把智能制造能力分解为创新能力、绩效产出能力、基础设施能力,分析各省智能制造能力综合得分及排名[3]。阮小雪(2017)把智能制造能力分解为装备制造业、创新能力、国家和企业经济实力、信息化发展水平[4]。还尹峰(2016)在探讨智能制造概念、系统架构和关键要素的基础上,从生产线、车间/工厂、企业、企业协同四个层级提出智能制造评价指标[5]。张蓉君等(2016)基于智能制造评价指数标准,对河南省企业的智能制造能力进行了分析[6]。易伟明等(2018)基于张量理论建立三维的企业智能制造能力评价指标体系，基于 Tucker 张量分解构建评价模型，对企业智能制造能力展开评价[7]。综上所述，国内相关主要研究方法包括因子分析法、专家分析法等，较为单一，准确性、科学性也有不足，部分指标并不能真实客观地反映智能制造的发展水平，指标权重的选取也容易受主观因素的影响，导致智能制造能力评价不尽准确。

　　总体而言，国内外学者已有研究对于本课题研究具有重要借鉴价值。但是，既有研究主要从相对单一的维度讨论智能制造能力评价等问题，从系统性、整体性维度探讨智能制造发展问题的文献并不多见。同时，目前国内外关于智能制造的研究，主要还集中在智能制造的技术应用、政策推进等方面，深层次基于经济学、管理学等角度的分析尚未深入开展。

1.3　产业转型升级理论基础

　　根据上述研究综述，我们知道，无论是跨部门转型还是智能化升级，都是企业应对环境变化（如产业衰退等），通过变革战略管理，重新整合资源能力，提升经营绩效，实现持续成长的战略行为。因此，本节将从突破生命周期、变革战略管理和实现持续成长这三个角度，来分析产业转型升级行为的理论基础。

1.3.1　从企业生命周期到产业生命周期

　　打破生命周期的藩篱、实现可持续发展，几乎是所有企业的终极愿望，也是众多企业难以逾越的鸿沟，而产业转型是否真能成为企业克服衰退的良方？下面，我们可以从企业和产业的生命周期来进行探讨。

1. 企业生命周期

企业的成长是有规律可循的，众多学者们从不同视角研究了企业的成长与发展，并在此基础上产生了企业生命周期理论，典型的有伊查克·麦迪思（1997）创立的企业生命周期理论[104]、理查德·L·达夫特（1999）创立的生命周期理论[105]等。企业生命周期与真正的生物体不同的是，衰退或消亡并不是企业不可违背的客观规律，如果企业能够依据环境变化，适时变革战略思路，必定能突破自身的生命周期限制，获得新的生机。

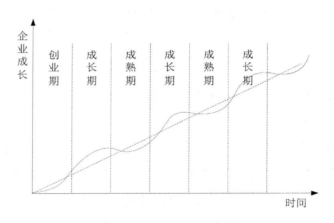

图 1 - 6 持续成长的企业生命周期曲线

资料来源：根据文献[106]整理。

从上图可以看出，企业在不断持续成长的过程中，会经历不同的生命周期，各周期间存在一定的波动，并不是真正进入衰退期，通常是在成熟期的某个阶段或在衰退初期时进行转型，从而进入下一个成长周期[106]。为延长企业生命周期，企业可以通过产业转型，实现持续成长,这其中的内涵符合美国学者扬·莫里森(1997)提出的"第二曲线"理论,即当企业面临新技术、新消费者、新市场等新形势,势必会进行一场彻底的、不可逆转的变革,进入一个全新的生命周期,即为"第二曲线",其根本标志就是变化与变革[107]。由此可知,无论企业在生命周期的第一曲线发展的好与否,都不可能一直延续,当面临新形势,企业必须思考通过何种方式顺利进入生命周期的第二曲线,这是企业获得持续成长的必由之路。

2. 产业生命周期

产业通常是具有某些相同特征企业的集合,因此,产业生命周期理论指出,产业在发展演变的过程中,也如生物体一样,会从出生到成长到成熟到衰退,最后死亡,这和企业经历的周期也一样。众多学者的研究结论指出,产业盈利能力的高低会受到产业生命周期的影响:通常来讲,在产业刚刚出生的时期,其净利润率较低,但盈利能力相对较强;当产业从成长期发展到成熟期,产业的盈利能力会逐渐呈现出上升的势头;当产业从成熟期到衰退期,绝大数产业的盈利能力是不断下降的。因此,对大多在衰退产业中生存发展的企业来说,想要不断持续获得超额收益是非常困难的,如果不想进行变革,不进行产业转型,而是在原有衰退产业中苦苦挣扎,企业发展的生命周期很可能就会走到尽头[38]。正如康荣平(1999)等提出的,当企业所处的现有产业在衰退的周期阶段,为了避免自身进入死亡周期,企业就必须设法转型,进入新的产业,使得自己的主营业务逐步从原有产业中撤出,并将企业的生命曲线建立在新进入的产业领域中[22]。

如图1-7所示,如果企业在产业 I 即将出现或者已经衰退的阶段,转入正处于成长阶段的产业 II,势必会通过产业阶跃(Punctua-

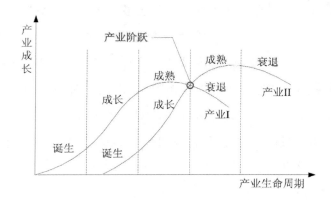

图1-7 产业转型与产业生命周期

ted),延长企业寿命。至于企业何时转,应视企业自身的资源能力以及外部环境而定。

综上可见,当企业面对生命周期中已经或即将出现的衰退,产业转型显然是一剂良药,但良药苦口,转型的时机、方向和途径等稍有不慎,就会成为毒丸,把企业引入另外一个深渊。因此,究竟"何时转""往哪转""如何转",就成为企业突破生命周期限制,实现持续发展的关键问题,也是企业在产业转型过程中面临的难题。

1.3.2 围绕战略资产争夺的战略变化和竞争战略

转型升级作为企业应对环境变化的一种战略行为,体现了战略管理的变革创新思想,其蕴育的深刻内涵可以从战略变化理论、竞争战略理论和战略资产理论得到解释。

1. 战略变化

战略变化(Strategic Change),根据 Van de Ven A. H. &. Poole M. S.(1995)的定义可以表述为:随着时间的不断变化,企业与环境的

一致性在内涵、形式及其状态上所表现出来的差异[108]。这一变化的内容主要包括如下两个方面：（1）企业战略内容的变化，具体包括经营范围、竞争优势、资源分配的变化[109]；（2）企业内外部环境的变化。Bourgeois L.J.（1980）认为，战略变化从层次上来说，主要就是公司战略的变化和业务战略的变化[110]。而 Rajagopalan Nandini（1996）认为，战略变化可能会在三个层次发生，即公司、业务及外围，战略变化及其绩效会直接受到企业内外部因素的影响，并可以把所有战略变化的相关影响因素划分为两类：惯性因素及柔性因素，其中惯性因素会阻碍变化，而柔性因素会促进变化[111]。

　　Ginsberg 等（1988）指出，战略变化研究的核心内容其实就是企业战略的变化[112]，他认为变化压力和变化阻力的彼此平衡决定了企业战略变化的过程，并提出了平衡型战略变化模型（如下图）。

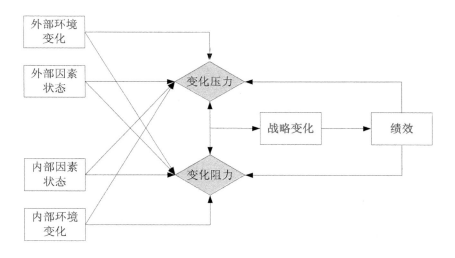

图 1-8　平衡型战略变化模型

资料来源：根据文献[112]整理。

从图中可以看出：第一，外部环境与内部环境发生的变化有可能会是企业战略变化的阻力，也可能是企业战略变化的动力。第二，内部因素和外部因素如果持续不变，也会成为转型的阻力。企业的技术和知识等内部资源有可能因为惯性而阻碍转型，而产业调整及竞争加剧等外部因素可能会给企业的战略变化带来阻力，或促使企业进行主动变化。第三，企业的绩效一方面是战略变化的结果，但另一方面又是变化的动因或者阻力。第四，不同的内部及外部因素无论对战略变化的发生，还是战略变化的程度都会产生影响。因此，战略变化需要考虑三个方面的关系：一是企业外部环境与其战略变化之间的关系[113]；二是企业能力资源与其战略变化之间的关系[114]；三是企业转型与经营绩效之间的关系。大部分已有研究对于战略变化与组织绩效之间的关系，以及战略变化是否对组织绩效的提高有作用，并没有统一的结论，这与战略变化与组织绩效的研究度量方法存在差异有密切相关[115]。

所以，从战略变化理论来看，本文研究产业转型对经营绩效的影响作用，需要将产业转型（战略行为）、企业能力资源（组织能力）、产业吸引力（外部环境）与经营绩效纳入到一个整体的研究框架中，深入分析产业转型行为的影响因素，以及产业转型行为与经营绩效的关系。

2. 竞争战略

竞争战略理论（Competitive Strategy）是继上世纪 70 年代诞生古典战略理论之后的又一企业战略管理理论。该理论是波特提出的，其核心思想在于产业选择，具体内容包括三个方面：一是选择有吸引力的产业，这可以通过对产业结构的分析来进行选择；二是获得竞争优势，这可以通过产品的差异化和成本领先地位来达成；三是创造富有吸引力的价值链。该理论认为，企业所处的产业是否有吸引力是决定一个企业盈利能力的首要根本因素。古典战略理论强调企业在现有产业结构中努力抢占有利竞争地位、分割市场份额、获得发展空间,但缺乏对产业因素的考虑,而竞争战略理论的发展恰好弥补了古典战略理论的不足。

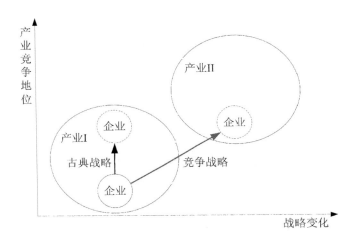

图 1-9　产业转型与竞争战略理论

由上图可以看出,在古典竞争战略指导下的企业,要想改善经营绩效,通常只会想办法提高企业在原有产业中的竞争地位,发展空间很有限;而竞争战略引导下的企业,战略视野会开阔些,在进行企业定位的时候,会考虑到产业因素对自身经营绩效的影响,选择进入更有吸引力的产业。图示说明了,受古典战略的影响,企业要提高自己在行业中的地位,只会着眼于本身所处的产业,而竞争战略会拓宽企业的视野,促使企业将别的产业纳入到自己的战略管理思维中。图中也清晰显示了,当产业 II 的竞争地位(盈利水平)高于产业 I 时,企业即便在产业 I 中处于最高的地位,也依然没有处于产业 II 中最低地位的企业经营绩效好,这时对于企业来讲,与其在原有产业中苦苦煎熬,不如通过产业转型,跨入到新的产业。

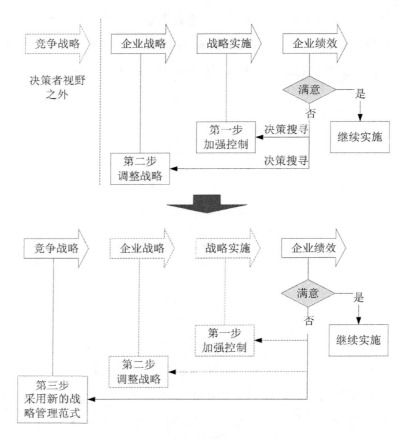

图 1 - 10 企业绩效与战略管理范式

资料来源:根据文献[38]修改。

因此,受古典战略的影响,企业在绩效低下的时候,会不断采用方法驱动的搜寻,从组织记忆中的旧方法寻找解决问题的新方法,但是真正问题的根源却在管理者的决策视野之外,这就使得企业陷入了战略决策无法改进绩效的恶性循环。这时,就必须改变传统的战略管理思想,采用新的战略管理(如竞争战略管理)。在对决策搜寻分析的基础上,从图中可以看出,如果企业面对环境变化,通过第一步、第二步的决策搜寻还不能解决面临的问题,改进经营绩效时,就应该改变传统的战略管理范式,采用新的战略范式,通过产业转型,使企业脱离长期绩效低下的困境。

3. 战略资产

阿米特(R. Amit)和斯格迈克(O. Schoemaker)与 1993 年提出了战略资产理论的两个核心概念:战略性资产(Strategic Assets,SA)和战略产业要素(Strategic Industry Factors,SIF),用来解释可持续经济租金的获得[116]。经济租金相当于要素收入去除机会成本,是要素收入的一部分。战略性资产(SA)具有稀缺、持久等重要特征。战略性资产主要包括:自主研发能力和知识产权、品牌、渠道、美誉度等等。战略性产业要素(SIF),是指企业所处产业中竞争对手的资源能力情况,和产业环境等因素;战略性产业要素从外部决定了企业能否获得有利竞争地位、实现可持续发展。战略性产业要素具有产业独特性、不确定性等特点。

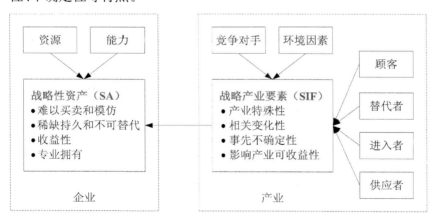

图 1-11　战略资产理论

资料来源:根据文献[117]修改。

由战略资产理论,我们也可以解释产业转型战略。企业战略性资产实质上是一系列企业独有的资源或能力,战略产业要素相当于竞争企业独有的的资源或能力,当两者之间没有重合时,企业想要获得市场竞争优势便非常困难了。

企业在发展过程中,为了应对衰退,选择进行产业转型就必须分析自身资源能力,弄清已经拥有的战略性资产(SA)。如果企业在发展初期,选择进入与多个产业战略要素重叠的产业领域,将有可能具有较大的发展空间。当企业在两个或多个产业中经营时,若各战略产业要素有交叉重叠但并没有包含在企业战略性资产中时,企业所获得的这种资源或能力会产生协同效应,将有利于其在两个或多个产业中取得竞争优势。当然,如果企业能对某产业战略要素的发展趋势做出相对准确的预测,并能通过重新构建企业战略性资产,适应产业变化,在进行产业转型决策的过程中,企业便能在产业中领先于其他企业,获得更好更长远的发展。

由此可见,战略资产理论以战略性资产为基础,同时考虑了战略产业要素,从企业内的资源能力以及企业的外部环境出发,把企业获得短期竞争优势和实现可持续发展结合起来,为研究企业的产业转型与经营绩效提供了理论支撑,要求企业在产业转型的战略管理过程中,必须注重开发、利用合适的战略性资产组合,并正确分析战略产业要素,寻求两者的重叠,从而获得持续的竞争优势。

1.3.3　适应环境:组织变革、阶跃与成长

持续成长是企业亘古不变的追寻目标,而要达到这一目标,就必须通过组织变革,以适应环境变化,实现组织能力的阶跃,促进企

业成长。

1. 组织变革

库尔特·卢因（Kurt Lewin，1947）提出了组织变革模型，在后来的研究中得到了贝克哈德和哈里斯（1977）、迈克尔·比尔（1980）、蒂奇和德瓦纳（1986）纳德勒和塔什曼（1989）、罗萨贝斯·莫丝·坎特（1992）[118]等许多组织变革学家的继承和发展。哈佛商学院工商管理教授 Michael Beer 认为，转型将使企业按照新的方向进行战略性重组，这意味着组织机构、系统、领导、成员和文化内涵的变革[119]。学者们对于组织变革的核心内涵与思想基本是一样的：首先，任何组织必须对新的现实进行深刻分析，并能有清醒地认识，与过去彻底断开，意识到原有的做事经营方式不能再继续下去；然后，创造未来组织发展的远景组织，并切实有效实施能达成目标的重要战略行为；最后，全新的组织被固化或重新冻结。

由此可见，组织变革实际也体现了企业演化理论的思想。即，企业演化是一个动态的过程，促使企业在相对较长的时间内沿着一个非常清楚的轨迹或模式不断产生变化。因此演化结果同时具有因果性和不确定性[121,122]。产业转型实际上也是企业在演化进程中所进行的一种突变的战略性行为，必然也会有演化的这些特征。企业在产业中所处的竞争地位随时都会在变化，同时产业自身生命周期也在不断变化中，因此企业必须根据内外部实际变化情况，及时调整总体战略，优化配置在不同产业间的企业资源和能力，对不同的业务实施相应的扩张、收缩、退出策略，或者根据需要选择进入新的产业领域，发展新的业务。巴格海等（1999）研究认为：能够实现可持续发展的成功企业，往往都具备共同特点，即能够不断对其原有业务进行变革，发展出新的业务增长领域[123,124]。所以,企业战略演化必须具备一个多样化的战略储藏机制,准备不同的战略备选方案,如收缩、扩张、退出或产业转型等,不断提升企业核心能力,唯此才能适应企业内部发展以及外部环境的变化[125]。

2. 适应环境

根据群体生态理论,组织要想生存下来,就必须与环境相适应。该理论最初是由阿尔瑞契(Aldrich H. E.)与普费弗(Feffer J. P.)在1976年提出,他们在《组织与环境》文中指出,组织的群体生态理论就是假定组织特性由环境因素选择,使组织与环境能最好地进行匹配[126]。其后,弗里曼(J. H. Freeman)等在组织理论中应用了生物学中的群体生态理论,认为组织在环境中能否生存其实与生物的适者生存规律一样,环境会根据组织结构的特点和其与环境相匹配的情况来选择或淘汰一些组织,而生存下来的组织会被复制模仿[127]。

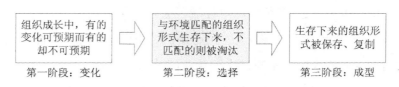

图 1-12　群体生态模型(**The Population-Ecology Model**)

资料来源:根据文献[128]修改。

组织的群体生态理论研究在某一特定环境中的组织群体,着重指出组织的变化会朝着适应环境的方向演进,能够适应环境的组织就能够生存发展,而不能适应环境的组织将不能生存;所以对企业采取与环境匹配的战略行为是有帮助的;但是这种理论弱化了组织管理者对组织运营的作用,认为组织的生存主要由环境决定而非由企业自身特别是管理者行为而决定。

普费弗(Feffer J. P.)和萨兰西(Salancik G. R.)在《组织的外在控制：一种资源依赖理论》(1978)一书中对资源—依赖模式作了深入分析,强调了管理在组织决策与行动过程中的作用[129]。资源—依赖模式认为组织对环境也将产生影响,强调面对环境,组织不是被动地作为环境的接受者,而是需要积极地应对,并建立自身优势来控制环境。由此可以看出,资源—依赖模式的核心思想就是：组织在管理自身的同时,也对环境形成影响,也是环境的构成者、参与者。塔尔科特·帕森斯(1988)称之为组织运作的制度层,组织通过其中的高层执行经理与社会结构联结[130]。战略选择是资源依赖模型中的一个关键因素,这与小艾尔弗雷德·钱德勒的"战略决定组织结构"的观点是相同的[131],这表明了组织运用战略决策来应对环境的变化,并且决策是在一系列的选择中进行的,其实质在于组织应对环境意外的方式。

综上可见,企业面临瞬息万变的环境,如果只是在既定环境中消极适应,惨遭淘汰也许就是必然。管理者虽不是万能的,但也不是无能为力的,如果企业无法适应现有的环境,或者适应的代价太大,管理者也可以采取战略变革(如产业转型),选择企业要进入或退出的领域(产业领域或市场领域)。

3. 组织阶跃

阶跃(Punctuated)这一名词,最早来自生物学,实质上就是变革和转型。自然历史学者 Eldrege & Gould(1972)首先提出了阶跃均衡(Punctuated Equilibrium),这是一种极其不同的组织变革和转型观点,指出物种大部分存在于静态均衡当中,而新物种的产生是以瞬间的、大变革的阶跃突然出现的[132]。对此而言,如同达尔文的变革和转型模式,一个新物种的命运是由环境选择决定的(Gersick,1991)[133],

这是一种动态(阶跃),是与"物种内部连续的变革和转型"相比较的,而变革和转型渐进论(Gradualism)是连续性的变革和转型,并一直被认为是转型和变革的主宰模式(Dominant Mode)。

Tushman & Rromanelli(1985)提出了重新导向是指相对非常短时期的不连续变革,并且在不连续变革中,转型会面向某种新的共同逻辑进行排序(Coalignment)[135]。

透过组织阶跃均衡理论的分析,我们可以发现,企业通过产业转型实现持续成长,正印证了组织转型和变革的阶跃均衡模式的核心思想,当企业通过不断的渐进式变革(如加强控制、调整战略等),来适应环境,而经营绩效与预期依然还有差距,此时,明智的管理者就会考虑重新导向(如产业转型),对企业战略进行突变,实现组织阶跃。

4. 企业成长

企业的成长关键是良好的内部经济[136]。Edit. T. Penrose(1959)在马歇尔的企业内在成长论的基础上,首次提出了完整的"企业成长理论",该理论认为企业的成长实际上是企业资源和管理能力和相作用的动态过程[137],企业的多元化成长的方向和路径非常依赖在专业化领域积累起来的技术知识和能力,正是在不平衡的资源条件下,通过不断的寻求企业内部资源的平衡,才推动了企业的不断持续成长。其后,彼得·圣吉(1994)运用系统动力学的原理,深刻阐述了"企业成长上限理论",其主要核心思想指出组织是一个不断反馈的环路系统,包括增强环路和调节环路,并与其外更大的系统构成一个完整的整体,组织系统遇到的多数问题都是系统内部及外部因素相互作用的结果,当组织遭遇成长瓶颈时,需要在调节环路,而非增强环路改变系统的行为和阻碍企业成长的限制因素,才有机会突破企业成长极限[139]。企业成长上限理论也体现了交易成本经济学的观点,即企业的成长实际上是企业管理者根据内外环境的变化,通过交易行为,将更多资源吸纳入企业,是一个不断创新、重新安排生产要素的过程[140]。企业持续成长,就必须通过不断创新,培养核心竞争力,获得长期竞争优势[141]。

通过对企业持续成长的理论分析,我们发现,在环境变化日益复杂的当今,企业进行变革战略管理,特别是以产业转型为主导的战略,正逐渐成为企业突破生命周期极限,获得不断持续成长的重要举措。产业转型很难自行发生,必须是在企业有意识的组织变革驱动下才能实现。这说明,一方面,企业要随时监测内外环境的变化,适时的进行战略创新,推动产业转型,构建新的核心竞争优势,实现企业持续成长;另一方面,持续成长做为企业发展的最终目标,也会反过来成为企业进行产业转型的内在动力。如下图所示。

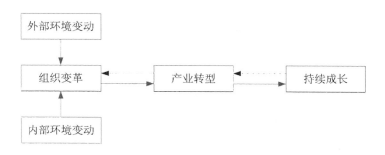

图1-13　产业转型与企业持续成长

综上所述,通过对生命周期理论、战略管理理论以及企业持续成长理论这三大理论的整合,揭示了产业转型对经营绩效影响作用的深刻内涵,即:产业转型行为就是企业应对环境变化,重新整合资源能力,提升企业绩效的战略性行为。

首先，突破企业生命周期，几乎是所有企业的主观愿景，也是众多企业难以逾越的鸿沟，而产业转型是否真的能成为企业克服衰退的良方？通过对企业生命周期和产业生命周期的分析可知，当企业面对生命周期中已经或即将出现的衰退，产业转型显然是一剂良药，但良药苦口，转型的时机、方向和途径等稍有不慎，就会成为毒丸，把企业引入另外一个深渊。因此，究竟"何时转""往哪转""如何转"，就成为企业突破生命周期限制，实现持续发展的关键问题，也是企业进行产业转型时面临的难题。

其次，产业转型作为公司应对环境变化的一种战略行为，体现了战略管理的变革创新思想，其蕴育的深刻内涵可以从战略变化理论、竞争战略理论和战略资产理论得到解释。第一、根据战略变化理论可知，战略变化需要考虑与以下三个方面的关系：一是外部环境；二是组织能力资源；三是组织绩效。因此，研究产业转型对经营绩效的影响作用，就必须把产业转型（战略行为）、企业资源能力（组织能力）、产业竞争力（外部环境）与经营绩效纳入到一个整体的研究框架中。第二、竞争战略理论认为，产业竞争力是决定企业盈利能力和水平的首要因素，通过产业转型，可以避免企业栖身于没有吸引力的产业中。企业总是会以最小的代价走出经营的困境，但企业在绩效低下的时候，习惯从过往的旧方法中寻找解决问题的新方法，而真正问题的根源却在管理者的决策视野之外，这就使得企业陷入了战略决策无法改进绩效的恶性循环。这时，就必须改变传统的战略管理思想，采取新的竞争战略管理。第三、依据战略资产理论，企业进行产业转型的过程，需要以企业战略性资产为基础，同时考虑战略产业要素，从企业内的资源能力以及企业的外部环境出发，正确分析战略产业要素，从而获得持续的竞争优势。

最后,持续成长是企业亘古不变的追寻目标,而要达到这一目标,就必须通过组织变革,以适应环境变化,实现组织能力的阶跃,促进企业成长。随着企业在产业中竞争地位的变化以及产业本身生命周期的变化,企业如果只是在既定环境中消极适应,惨遭淘汰也许就是必然。管理者虽不是万能的,但也不是无能为力的,如果企业无法适应现有的环境,或者适应的代价太大,管理者必须及时调整公司战略,采取战略变革(如产业转型),选择企业要进入或退出的产业领域,重新在不同产业间配置资源和能力,不断提升企业核心能力,唯此才能适应企业内部发展以及外部环境的变化,实现可持续成长。

第二章 跨部门转型：传统制造业转型升级的现实应对

　　新一轮科技和革命背景下，在传统制造业走向衰退、盈利水平趋于下降时，只有少数企业能够通过强化成本管控、优化内部管理等方式维持一定盈利水平，而大多数企业都将面临盈利下降的困境。此时，果断转入新兴产业以避免衰亡的结局，是众多传统制造业企业的应对之策。根据本研究对跨部门转型的界定，本章以制造业上市企业为研究样本，深入探讨了中国制造企业产业转型的总体分布特征和转型行为模式的具体特征以及特征背后的成因。

2.1　跨部门转型的总体特征

　　在国内外相关研究成果的基础上，本研究提出了跨部门转型的内涵界定：产业转型是企业为适应产业环境变化而采取的彻底的战略变革行为，具有全局性、根本性、复杂性等特点；产业转型的关键是对企业自身拥有的技术和知识等资源及相关能力的整合优化；转型的目的是获取可持续发展的核心竞争能力，实现良好的经营绩效；产业转型的实质是为突破生命周期、实现可持续发展的战略变革行为。本研究从截至 2014 年底沪深两市 2564 家 A 股上市公司中，先筛选出全部制造业企业，然后根据研究需要，分析其中从 1992 年至 2014 年间发生跨部门产业转型，并符合本研究假设前提及样本选取要求的制造业企业转型的总体情况。根据本研究对对跨部门产业转型的概念界定，在全部 A 股制造业上市公司中，剔除 ST、PT 以及数据异常、残缺的公司后，共有 112 家企业在研究跨度内发生过产业转型且符合研究需求。为保证研究结论准确，搜集了 112 家样本企业转型前后共 8 年的基本数据（转型前三年、前二年、前一年、开始年、完成年、完成后一年、后二年、后三年）。首先从转型频率分布、转型年限分布、转型行业分布、企业结构分布这四个方面来分析转型样本企业的总体分布特征。

2.1.1　转型频率分布

所谓转型频率是指样本企业从其上市到 2014 年底发生的产业转型次数。统计显示，112 家转型企业中，有 99 家企业只进行了一次转型，占总样本的 88.3%；13 家企业进行了多次转型，其中 9.9% 的样本企业选择了二次转型，1.8% 的样本企业选择三次或三次以上转型（表 2-1）。可见，绝大多数企业在其产业转型实践中，仅经历了一次转型；或者说，仅仅通过一次转型，就完成了产业转型战略；也有些企业在第一次转型不成功或者以前一次转型为过渡的情况下，会进行再次转型。因此，企业在转型过程中到底是一步到位，还是多次转型，跟管理者在选择产业转型的时机、方向和跨度有很大的关系。

表 2-1　样本企业的转型频率分布

	一次转型	多次转型		总计
		二次转型	三次或三次以上转型	
数量(家)	99	11	2	112
比例(%)	88.3	9.9	1.8	100

本研究中把每次转型行为都看成是一个转型样本,根据表 2-1,112 家样本企业共发生了 127 次产业转型,这样就有 127 个转型样本,下文不再一一说明。

2.1.2　转型年限分布

通过对样本企业的上市年限分布进行分析,从总体上把握制造业上市公司转型的年限分布特征。

从表 2-2 可以看出,73.23% 样本在上市 3—8 年之间实施转型行为,只有 8.66% 的企业在上市后 2 年内转型,18.11% 的企业在上市 9 年以上转型。由此可见,制造业上市企业转型与上市年限长短有关,一般处于中长期上市年限的企业比较容易发生转型。根据企业生命周期理论,多数企业在上市 3 至 8 年间,处于相对成熟的发展时期,一是希望通过产业转型寻求新的成长突破,二是也具备一定的能力与资源进行转型,因此,处于该阶段的企业转型的相对较多。

表 2 - 2 样本企业上市到转型完成的时间跨度

	1 年	2 年	3 年	4 年	5 年	6 年	7 年	
数量(家)	4	7	11	12	18	22	13	
比例(%)	3.15	5.51	8.66	9.45	14.17	17.32	10.24	
	8 年	9 年	10 年	11 年	12 年	13 年	14 年	总计
数量(家)	17	9	2	7	1	4	0	127
比例(%)	13.39	7.09	1.57	5.51	0.79	3.15	0.00	100

2.1.3 转型行业分布

主要从总体行业分布、转出行业分布以及转入行业分布这三个方面进行分析,来全面把握中国制造业企业产业转型的行业分布特征。

1. 总体行业分布

从图 2 - 1 可以看出,样本企业的产业转型有 64.57% 发生在制造业内部,即从制造业内某一具体行业转移到另一具体行业。此外,有 22.04% 的样本企业由制造业内部转出,13.39% 由非制造业产业转入

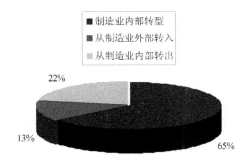

图 2 - 1 转型样本企业的总体行业分布

制造业。可见,大部分制造业企业都会选择在制造业内部进行转型,而从制造业内部转出或由非制造业部门转进的企业相对较少。这是因为,选择完全不相关的产业进行转型,会给企业的后续经营带来相当大的风险。

2. 转出行业分布

从表2-3可以看出,样本企业的原行业为制造业的共110家(其中包括10家来自信息技术业的企业),占总样本的86.71%,此外还有17家来自非制造业的企业。其中,转出企业数量最多的行业依次为:"石油、化学、塑胶、塑料(18.11%)"、"机械、设备、仪表(17.32%)"、"金属、非金属(14.17%)"和"纺织、服装、皮毛(11.02%)",共有77家企业从这4个行业转出,占到所有由制造业转出企业总数的70%,总样本数的60.63%。可见,传统行业是样本企业的主要转出行业。

表2-3 样本企业的转出行业分布状况

转出行业简称	样本数量	比例(%)
C 制造业	100	78.74
C0 食品、饮料	7	5.51
C01 食品加工业	3	2.36
C03 食品制造业	2	1.57
C05 饮料制造业	2	1.57
C1 纺织、服装、皮毛	14	11.02
C11 纺织业	10	7.87
C13 服装及其他纤维制品制造业	3	2.36
C14 皮革、毛皮、羽绒及制品制造业	1	0.79

续表

转出行业简称	样本数量	比例(%)
C3 造纸、印刷	5	3.94
C31 造纸及纸制品业	3	2.36
C37 文教体育用品制造业	2	1.57
C4 石油、化学、塑胶、塑料	23	18.11
C41 石油加工及炼焦业	4	3.15
C43 化学原料及化学制品制造业	13	10.24
C47 化学纤维制造业	4	3.15
C48 橡胶制造业	2	1.57
C5 电子	3	2.36
C51 电子元器件制造业	3	2.36
C6 金属、非金属	18	14.17
C61 非金属矿物制品业	8	6.30
C65 黑色金属冶炼及压延加工业	7	5.51
C67 有色金属冶炼及压延加工业	2	1.57
C69 金属制品业	1	0.79
C7 机械、设备、仪表	22	17.32
C71 普通机械制造业	3	2.36
C73 专用设备制造业	6	4.72
C75 交通运输设备制造业	2	1.57
C76 电器机械及器材制造业	11	8.66
C8 医药、生物制品	6	4.72
C81 医药制造业	4	3.15
C85 生物制品业	2	1.57
C99 其他制造业	2	1.57

转出行业简称	样本数量	比例（%）
G 信息技术业	10	7.87
G81 通信及相关设备制造业	6	4.72
G83 计算机及相关设备制造业	4	3.15
B 采掘业	1	0.79
B01 煤炭采选业	1	0.79
F 交通运输、仓储业	1	0.79
F03 公路运输业	1	0.79
H 批发和零售贸易	7	5.51
H01 食品、饮料、烟草和家庭用品批发业	1	0.79
H03 能源、材料和机械电子设备批发业	1	0.79
H11 零售业	5	3.94
J 房地产业	3	2.36
J01 房地产开发与经营业	2	1.57
J05 房地产管理业	1	0.79
K 社会服务业	3	2.36
K32 旅馆业	2	1.57
K34 旅游业	1	0.79
M 综合类	2	1.57
总计	127	100

3. 转入行业分布

从表 2-4 可以看出，转入制造业的样本企业共 98 家（其中包括 19 家转入信息技术业的企业），占总样本的 77.17%，此外还有 29 家转入非制造行业的企业。其中，转入企业数量最多的几个行业依次为："C8 医药、生物制品（14.96%）"、"G 信息技术业（14.96%）"、"C4

石油、化学、塑胶、塑料（12.60%）"、"C7 机械、设备、仪表（12.60%）"
和"J 房地产业（10.24%）"，共有 83 家企业转入这 5 个行业，占到所有
转型样本企业总数的 65.35%。可见，样本企业转入的一般都是利润
水平较高的产业，如信息技术业、医药业、房地产业等。

表 2－4　样本企业的转入行业分布状况

转入行业简称	样本数量	比例（%）
C 制造业	79	62.20
C0 食品、饮料	8	6.30
C01 食品加工业	2	1.57
C03 食品制造业	3	2.36
C05 饮料制造业	3	2.36
C1 纺织、服装、皮毛	2	1.57
C11 纺织业	2	1.57
C2 木材、家具	1	0.79
C21 木材加工及竹、藤、棕、草制品业	1	0.79
C3 造纸、印刷	3	2.36
C31 造纸及纸制品业	1	0.79
C35 印刷业	2	1.57
C4 石油、化学、塑胶、塑料	16	12.60
C41 石油加工及炼焦业	2	1.57
C43 化学原料及化学制品制造业	11	8.66
C48 橡胶制造业	1	0.79
C49 塑料制造业	2	1.57
C5 电子	5	3.94
C51 电子元器件制造业	4	3.15

续表

转入行业简称	样本数量	比例（%）
C55 日用电子器具制造业	1	0.79
C6 金属、非金属	7	5.51
C61 非金属矿物制品业	2	1.57
C65 黑色金属冶炼及压延加工业	1	0.79
C67 有色金属冶炼及压延加工业	1	0.79
C69 金属制品业	3	2.36
C7 机械、设备、仪表	16	12.60
C71 普通机械制造业	2	1.57
C73 专用设备制造业	3	2.36
C75 交通运输设备制造业	4	3.15
C76 电器机械及器材制造业	6	4.72
C78 仪器仪表及文化、办公用机械制造业	1	0.79
C8 医药、生物制品	19	14.96
C81 医药制造业	15	11.81
C85 生物制品业	4	3.15
C99 其他制造业	2	1.57
G 信息技术业	19	14.96
G81 通信及相关设备制造业	13	10.24
G83 计算机及相关设备制造业	6	4.72
A 农、林、牧、渔业	1	0.79
A01 农业	1	0.79
D 电力、煤气及水的生产和供应业	3	2.36
D01 电力、蒸汽、热水的生产和供应业	2	1.57
D05 自来水的生产和供应业	1	0.79

续表

转入行业简称	样本数量	比例（％）
F 交通运输、仓储业	2	1.57
F03 公路运输业	1	0.79
F21 仓储业	1	0.79
H 批发和零售贸易	5	3.94
H03 能源、材料和机械电子设备批发业	3	2.36
H11 零售业	2	1.57
J 房地产业	13	10.24
J01 房地产开发与经营业	12	9.45
J05 房地产管理业	1	0.79
K 社会服务业	2	1.57
K01 公共设施服务业	1	0.79
K39 租赁服务业	1	0.79
L 传播与文化产业	1	0.79
L10 广播电影电视业	1	0.79
M 综合类	2	1.57
总计	127	100

从上面的转出和转入的制造业行业分布情况来看，从"C1 纺织、服装、皮毛"、"C6 金属、非金属"转出的企业明显多于转入的企业，从"C1 纺织、服装、皮毛"转出的企业是转入的 7 倍多，从"C6 金属、非金属"转出的企业是转入的近 3 倍；而转入"J 房地产业"、"C8 医药、生物制品"、"G 信息技术产业"的企业明显多于转出的企业，分别是相应行业转出企业的 4.34 倍、3.17 倍和 1.9 倍。从石化塑料、机械设备仪表行业转出的企业和转进的差不多，转出的略多于转进的。

可见,企业的产业转型行为,实质上就是企业对行业的盈利水平和成长空间"用脚投票"的行为。转出企业明显多于转入企业的行业,一般而言都是盈利水平和成长空间堪舆的衰退行业;相反,转入企业明显多于转出企业的行业,往往都是被普遍看好的高利行业或朝阳行业。关于转型企业的原行业和新行业的盈利水平和成长空间的比较,我们将在下文通过详细数据进行实证分析,以揭示企业转型行为与产业特征之间的内在联系。

2.1.4 企业结构分布

通过对转型样本企业的资产规模、股本规模、多角化程度、以及流通股比例的特征分析,深入分析发生转型的制造业企业的资源能力结构分布情况。

1. 资产规模

用"资产总计"指标来衡量转型企业的资产规模。从表 2-5 可以看出,71.65% 的样本企业资产规模低于 10 亿,88.98% 的样本企业资产规模低于 20 亿,说明转型企业大多资产规模较小,应验了一句俗语——"船小好调头"。

表 2-5 转型开始年的样本企业资产规模分布

资产总计	1-10 亿元	10-20 亿元	20-30 亿元	30 亿元以上	总计
数量(家)	91	22	10	4	127
比例(%)	71.65	17.33	7.87	3.15	100

从表 2-6 可以看出,经历产业转型之后,大部分样本企业仍表现出资产规模较小的特征(84.25% 的样本企业资产规模低于 20 亿),但

总体上样本企业的资产规模有上升的趋势,尤其是资产规模在 10 亿到 20 亿之间的中小规模企业比重上升较快,从 17.33% 上升到 29.13%。

表 2-6 转型完成年的样本企业资产规模分布

资产总计	1-10 亿元	10-20 亿元	20-30 亿元	30 亿元以上	总计
数量(家)	70	37	11	9	127
比例(%)	55.12	29.13	8.66	7.09	100

2. 股本规模

用"总股本"指标来衡量转型企业的股本规模。从表 2-7 可以看出,大部分企业股本规模集中在 3 亿股以下(81.89%),说明转型企业以小盘股为主。与大盘股比较,小盘股进行股权置换、资产重组的成本相对较低,比较容易通过股权转让、资产置换等途径进行产业转型。

表 2-7 转型开始年的样本企业股本规模分布

总股本	1 亿股以下	1-2 亿股	2-3 亿股	3-4 亿股	4 亿股以上	总计
数量(家)	16	62	26	16	7	127
比例(%)	12.60	48.82	20.47	12.60	5.51	100

从表 2-8 可以看出,转型完成时股本规模在 3 亿股以下的企业占 76.38%,与转型开始年相比,略有下降,而股本规模在 3 亿股以上的样本企业从转型前的 23 家(18.11%)增加到转型后的 30 家(23.62%)。总体上看,转型后企业的股本规模趋于增大。

表 2-8　转型完成年的样本企业股本规模分布

总股本	1亿股以下	1-2亿股	2-3亿股	3-4亿股	4亿股以上	总计
数量（家）	9	56	32	18	12	127
比例（%）	7.09	44.09	25.20	14.17	9.45	100

3. 多角化程度

按照样本企业涉足的主要产业领域，对其多角化程度进行统计。下表显示了所有样本企业的多角化程度分布状况。

表 2-9　转型开始年的样本企业多角化程度分布

产业领域数	1	2	3	4	5	6	7	8	9	总计
数量（家）	39	31	27	14	8	2	3	2	1	127
比例（%）	30.71	24.41	21.26	11.02	6.30	1.57	2.36	1.57	0.79	100

表 2-10　转型完成年的样本企业多角化程度分布

产业领域数	1	2	3	4	5	6	7	8	9	总计
数量（家）	10	43	33	23	10	5	1	1	1	127
比例（%）	7.87	33.86	25.98	18.11	7.87	3.94	0.79	0.79	0.79	100

从表 2-9、2-10 可以看出，经历产业转型之后，样本企业的多角化程度普遍有所提高，涉及 2 到 6 个产业领域（多角化经营）的公司由转型前的 82 家（64.57%），上升到转型完成后的 114 家（89.76%），增幅将近 40%；而仅涉及 1 个产业领域（专业化经营）的企业，由转型开始年的 39 家（30.71%），下降到转型完成年的 10 家（7.87%），降幅达到 74.77%。说明部分样本企业进入新产业之后，并没有完全退出原

产业(或者说没有立即退出),而是采取了"新产业为主,新老业并存"的多角化经营格局,导致了转型完成当年样本企业的多角化程度普遍上升的趋势。这也从实践中证实了多角化通常是产业转型的必经阶段,但随着企业对产业结构的不断调整,新产业的优势往往会越来越明显,旧主业会逐步退出企业的经营,多角化程度又会逐渐呈现下降趋势。

4. 流通股比例

从表2-11、2-12可以看出,转型后企业的流通股比例普遍有所提高,流通股比例超过40%的企业上升幅度将近20%;而流通股比例不到40%的企业,由转型开始年的76家,下降到转型完成年的66家,下降幅度达到13.16%。这说明,一方面股权分置改革普遍提高了企业的流通股比例,另一方面也是由于部分企业的产业转型,给民营资本的进入提供了机会,使得转型后公司的流通股比例总体趋于上升。

表 2-11　转型开始年的样本企业流通股权分布状况

流通股比例	20%以下	20%—30%	30%—40%	40%—50%	50%—60%	60%以上	总计
数量(家)	6	21	49	32	15	4	127
比例(%)	4.72	16.54	38.58	25.20	11.81	3.15	100

表 2-12　转型完成年的样本企业流通股权分布状况

流通股比例	20%以下	20%—30%	30%—40%	40%—50%	50%—60%	60%以上	总计
数量(家)	5	18	43	36	17	8	127
比例(%)	3.94	14.17	33.86	28.35	13.39	6.30	100

综上所述,转型企业集中在规模较小、多角化程度较低、流通股比例偏低、上市年限处于中长期阶段的企业;并且选择进入的目标产业相对比较集中,多为普遍看好的高利产业或朝阳产业。

2.2 跨部门转型的行为特征

在第一章对产业转型行为模式界定的基础上,本节将对样本企业产业转型的数据,运用因子分析法,重点分析以下产业转型行为的具体特征:转型时机(何时转?)、转型方向和转型跨度(往哪转?)、转型途径、转型程度和转型速度(如何转?)。

2.2.1 转型时机特征分析

根据第一章的界定,转型时机是对产业转型前企业财务状况的一种状态描述,决定了企业转型可以运用的资源和能力状态,可以用转型前企业绩效水平与原产业平均水平的差异程度来表征,并将转型时机分为两类:前瞻转型和危机转型。前瞻转型是指企业综合经营绩效水平高于原产业平均水平;危机转型是指企业在盈利水平或发展速度方面低于原产业平均水平,甚至在这两方面的能力都低于原产业平均水平。

1. 指标选取

基于上文对经营绩效评价指标的研究,选取主营业务利润率等4个指标来反映企业和产业的盈利能力;用主营业务收入同比增长率等4个指标来衡量企业和产业的成长能力。具体评价指标见表2-13。

表 2-13 企业盈利能力及成长能力评价指标体系

指标名称	单位	指标意义	计算公式
盈利能力			
主营业务利润率(ROS)	%	反映主营业务的盈利能力	主营业务利润/主营业务收入
净资产收益率(ROE)	%	反映所有者权益的盈利能力	净利润/期末净资产
资产报酬率(ROA)	%	反映总资产的盈利能力	净利润/平均资产总额
每股收益(EPS)	%	反映平均每股的盈利能力	净利润/期末总股本
成长能力			
主营业务收入同比增长率	%	反映主营业务的增长能力	期末主营业务收入/期初主营业务收入-1
总资产同比增长率	%	反映总资产的增长能力	期末总资产/期初总资产-1
净资产同比增长率	%	反映净资产的增长能力	期末净资产/期初净资产-1
净利润同比增长率	%	反映净利润的增长能力	期末净利润/期初净利润-1

需要说明的是,在分析之前,本研究对每股指标(每股收益)进行了复权处理,以消除股本扩张对每股指标的稀释影响[153]。具体处理的方法是:以转型开始的前 3 年这一年为基期,用当年的总股本除以基期总股本,再乘以当年的每股指标数值,就得到复权之后当年的每股指标。本研究中对所有每股指标复权处理的方法相同,下文不再一一说明。

2. 数据来源

企业数据来源:根据 Wind 资讯金融证券数据库提供的上市公司

数据,选取了127家转型样本企业以转型开始年为基期的前3年、前2年、前1年,共3年的相关指标数据。

产业数据来源:根据转型企业涉及的原产业中所有上市公司的数据,通过计算获得。如,产业的主营业务利润率就是用产业内部所有上市企业的主营业务利润之和除以主营业务收入之和,其他指标的计算类似,不再一一说明。

3. 特征分析

运用因子分析法,分别计算转型样本企业及原产业的三类经营绩效指标综合得分:第一类是盈利能力得分(4个指标);第二类是成长能力得分(4个指标);第三类是总体绩效得分(全部8个指标),然后用企业相关指标的综合得分与原产业得分相减,得出企业与原产业经营绩效差异,以此对转型时机进行赋值和界定。

先用样本企业8项指标的综合得分,减去原产业8项对应指标的综合得分,结果为正值的样本共有70个;再分别计算样本企业及其原产业的盈利能力的综合得分和成长能力的综合得分,发现这70家样本中,企业盈利得分与产业盈利得分的差为负值,或企业成长得分与产业成长得分的差为负值的还有18家,说明样本企业盈利能力或成长能力落后于原产业平均水平,不能称之为"前瞻转型"。因此,最终确定的前瞻转型企业样本共有52家,占总体样本的40.94%。

除去52家前瞻转型的企业样本之外,剩下的75家样本企业都属于危机转型,占总样本的59.06%,具体包括三种情况:企业与原产业间的盈利得分差为负值、但成长得分差为正值(显示企业在转型前已面临盈利危机);企业与产业的成长得分差为负值、但盈利得分差为正值(显示企业在转型前已面临成长危机);两项得分差均为负值(显示

企业在转型前已面临盈利水平下降、成长乏力两方面的危机)。各类样本企业的数量分布如下表所示:

表 2 - 14 样本企业的转型时机分布

转型时机	前瞻转型	危机转型			总计
		盈利危机	成长危机	盈利与成长双重危机	
数量(家)	52	22	18	35	127
比例(%)	40.94	17.32	14.18	27.56	100

从表 2 - 14 可以看出,危机转型的样本数(75 家)与前瞻转型(52 家)的样本数,接近 6∶4,说明多数企业是在面临危机的形势下,被迫进行产业转型的,只有部分企业是在原产业中占有一定竞争优势的情况下,为了获得更好的盈利水平或成长空间,而转入新的产业。此外,在危机转型的样本企业中,面临盈利与成长双重危机的样本企业比重又是最高的,占到危机转型样本的 46.67%,总样本的 27.56%,这说明企业面临的危机多数既包含了当前盈利水平下降的危机,又包含了长期成长空间不足的危机。

2.2.2 转型方向特征分析

比较原产业与新产业的盈利能力和成长能力,以此对转型方向进行区分。

1. 指标选取

选择主营业务利润率等 4 个指标来反映原产业和新产业的盈利能力;用主营业务收入同比增长率等 4 个指标来衡量原产业和新产业的成长能力。具体评价指标见表 2 - 15。

表 2 - 15　产业盈利能力和成长能力评价指标体系

指标名称	单位	指标意义	计算公式
产业盈利能力平均水平			
产业主营业务利润率（IROS）	%	反映主营业务的盈利能力	产业内部所有上市公司的主营业务利润之和/主营业务收入之和
产业净资产收益率（IROE）	%	反映所有者权益的盈利能力	产业内部所有上市公司的净利润之和/期末净资产之和
产业资产报酬率（IROA）	%	反映总资产的盈利能力	产业内部所有上市公司的净利润之和/平均资产总额之和
产业每股收益（IEPS）	%	反映平均每股盈利能力	产业内部所有上市公司的净利润之和/期末总股本之和
产业成长能力平均水平			
产业主营业务收入同比增长率	%	反映主营业务的增长能力	产业内部所有上市公司的期末主营业务收入之和/期初主营业务收入之和－1
产业总资产同比增长率	%	反映总资产的增长能力	产业内部所有上市公司的期末总资产之和/期初总资产之和－1
产业净资产同比增长率	%	反映净资产的增长能力	产业内部所有上市公司的期末净资产之和/期初净资产之和－1
产业净利润同比增长率	%	反映净利润的增长能力	产业内部所有上市公司的期末净利润之和/期初净利润之和－1

2. 评价方法

运用因子分析法,分别计算转型样本企业所处原产业和转入新产业的三类经营绩效指标综合得分:第一类是盈利能力得分;第二类是成长能力得分;第三类是总体绩效得分,然后用新产业相关指标的综合得分,减去原产业对应指标的综合得分,来分析中国制造业企业产业转型方向所呈现的特征。

3. 数据来源

根据 Wind 资讯金融证券数据库,采集转型企业涉及的原产业以及新产业中所有上市公司的以转型开始年为基期的前 3 年的数据,通过表 2-15 中的计算方法获得相关产业指标数据。

4. 特征分析

分别用新产业的成长能力和盈利能力得分减去旧产业的对应得分,当新产业的盈利水平优于原产业,同时成长水平劣于原产业,或者两项都优于原产业,但盈利水平的优越性显著高于成长水平,就是盈利导向;当新产业的成长能力优于原产业,同时盈利能力劣于原产业,或者两项都优于原产业,但成长的优越性显著高于盈利,就是成长导向;当新产业的盈利与成长能力都显著优于原产业,则归入综合导向。通过对 127 家样本企业的统计,转型方向分布特征如下表。

表 2-16　样本企业的转型方向分布

转型方向	成长导向	盈利导向	综合导向	总计
数量(家)	47	64	16	127
比例(%)	37.01	50.39	12.60	100

可以看出,超过半数以上(50.39%)的企业在转型方向的选择时,以盈利为导向;37.01%的企业在转型方向的选择时,以成长为导向;只有12.60%的企业在转型方向的选择时,是以盈利和成长并重为导向的。结合前面的转型时机特征分析,我们发现,当企业在危机状态下,通常会分析是由于盈利能力下降还是成长乏力带来的危机,如果是盈利危机,那么在转型方向上会倾向于盈利导向;如果是成长危机

则会选择成长导向。正是由于多数企业面临的盈利危机,才会导致以盈利为导向的企业占多数。

可见,绝大多数制造业企业在跨产业转型时,都会选择转型后的新产业在成长空间或盈利水平的某一方面(甚至两个方面)优于原产业,这也从另一个角度解释了如下结论:新产业与原产业之间在当前盈利水平和未来成长空间的差异,是企业进行产业转型的重要动因之一;其中,半数以上的企业选择了盈利导向,而选择综合导向的较少,说明企业在转型实践中普遍重视短期利益,而对长期可持续成长重视不够的现状。

2.2.3 转型跨度特征分析

转型跨度是指转型前后产业的相似程度,或者说新旧产业的产品(业务)关联性,转型跨度是否合适直接关系到转型能否成功。基于上文对转型跨度的界定,对样本企业的转型跨度进行界定,并划分为相关转型和非转型转型两大类。如表 2 - 17 所示。

表 2 - 17　样本企业的转型跨度分布

	相关转型		非相关转型		总计
	强相关转型	弱相关转型	基本不相关转型	完全不相关转型	
数量(家)	12	4	66	45	127
比例(%)	9.45	3.15	51.97	35.43	100

根据上表可知,相关转型的样本只占总样本的 12.60%,而非相关转型占了 87.40%,显示目前中国制造业企业的产业转型以"非相关转型"为主要特征,样本企业大多从一个制造业次类行业转移到另一个

不同的制造业次类行业,甚至完全转出了制造业门类,转型前后新旧产业的产品(业务)关联度比较低。而根据企业能力资源理论,转型前后产业的相关性越高,企业自身的技术和知识资源在新旧产业中的通用程度就越高,转型后在新产业中能否利用的程度也就越高,转型也会更加容易成功;相反,选择完全不相关的产业进行转型,使得企业在原有知识技能的利用价值很小甚至为零,会给企业的后续经营带来相当大的风险。这说明多数企业在转型中普遍重视产业效应带来的收益,而对企业自身资源能力的提高关注不够,往往造成转型后企业无法形成新的核心竞争优势,进而影响到企业的持续成长。

2.2.4　转型途径特征分析

按照转型所需的技术和知识资源是否来源于企业内部,本研究将转型途径分为内生转型与外生转型两大类。通过查阅样本企业历年年报,将127家样本企业的转型途径按照上述分类标准进行了归类统计,总体途径分布结果如下表所示。通过分析发现在所有的转型样本企业中,有114家样本企业采用的转型方式都是外生转型,占样本总量的89.76%;其中又以股权转让的方式最多(41家),占到32.28%,其次是收购兼并(38家,29.92%),再次是资产置换(35家,27.56%);而通过企业内部发展的转型样本企业只有13家,仅占样本总量的10.24%。

表 2-18　样本企业的转型途径总体分布

	外生转型	内生转型	总计
数量(家)	114	13	127
比例(%)	89.76	10.24	100

统计显示,样本企业大多选择外生转型途径,借助外力实现转型,而较少选择通过内部发展的途径进入新产业,并且其中有近三分之一的企业选择了股权转让途径,这就意味着样本企业在转型之后控制权易手,实际上已沦为"壳资源"。这一结果说明,我国制造业企业通过内部技术能力培育,进入新产业的极其稀少;与此形成鲜明对比的是,大多数企业在进行产业转型前,往往已面临严重危机,只能借助外力实现产业转型,而当企业面临危机时,往往需要借助外力来完成转型以缓解危机,长远看,企业实现可持续发展还是取决于自身核心竞争力。

2.2.5 转型程度特征分析

按照转型前后新旧主营业务比重的变化,本研究将转型程度分为轻度转型、中度转型、高度转型和完全转型等4类。

统计样本企业转型完成年至转型后3年共4年的新旧主营业务收入,并计算出每年的转型程度,然后算出转型程度的平均值。据此方法统计,样本企业的转型程度分布可以用下表来表征。

表 2-19　样本企业的转型程度分布

	轻度转型	中度转型	高度转型	完全转型	总计
数量(家)	7	29	45	46	127
比例(%)	5.51	22.84	35.43	36.22	100

从表中可以看出,高度转型和完全转型合计占比高达70%,表明多数企业转型较为彻底,即转型后新业务成为主营业务,旧业务基本退出或占很小比重。这一定程度上与中国制造业企业多数都是在危

机状态下、采取外生转型的方式有关，由于原有的能力资源在新产业中的作用不大，企业常常会在转型后剥离不良资产，从原产业中彻底退出，全力投入到新产业的发展中。

2.2.6 转型速度特征分析

按照转型后企业进入新产业的速度和退出原产业的速度，将转型分为两类：渐进转型、突变转型。具体计算方法：是用企业转型完成年至转型完成后 3 年这四年的转型程度均值除以转型的时间跨度（即从转型开始到转型完成所花的时间，以年为单位），来计算转型速度的。当某企业的转型速度大于所有样本企业的速度均值时即为突变型；小于均值即为渐进型。

首先来看一下 127 家样本企业转型时间跨度的分布情况，见表 2－20。

表 2－20　样本企业的转型时间跨度分布

转型时间跨度	1 年	2 年	3 年	4 年	5 年	总计
数量（家）	84	28	9	4	2	127
比例（%）	66.14	22.05	7.09	3.15	1.57	100

从上表可以看出，有 84 家样本企业的转型行为是在 1 年内完成的，占样本的总量 66.14%；将近 90%（88.19%）的企业是 2 年内完成转型的；而在 3 年以上完成转型的企业只有 15 家，只占总样本的 11.81%。

表 2 - 21   样本企业的转型速度分布

	渐进型	突变型	总计
数量(家)	60	67	127
比例(%)	47.24	52.76	100

从表 2 - 21 可以看出,采用突变转型的企业多于渐进型的企业,有 52.76%的企业都是突变转型。这是由于大部分企业都是采用外生转型的方式来完成产业转型的,目的是为了尽快摆脱经营绩效下滑的危机,因此转型的时间跨度相对就会比较短,转型的速度就相对较快。

综上可见,转型的时机、方向、跨度、途径、程度和速度,彼此之间都是息息相关的,不同的转型时机会影响到不同的方向、跨度、途径的选择,进而影响到转型的程度和速度。因此,中国制造业企业产业转型行为模式所呈现的特征是有规律可循的,即:多数企业都是在经营绩效下滑,出现危机的形势下,被迫进行产业转型的,转型方向多以盈利导向为主,转型跨度较大,转型途径多采用外生转型的方式,并且转型程度呈现高度化趋势,转型速度也较快。

2.3   跨部门转型的影响因素

那么,中国制造业企业的产业转型为什么会呈现上节所揭示的行为特征呢? 其背后的深层原因是什么? 本节将从企业的能力与资源、企业在原产业中的竞争地位、新产业对企业的吸引力这三个角度来解释特征背后的成因。

2.3.1　企业的能力与资源

通过对样本企业在转型开始前 3 年的"企业的能力与资源"状况的变化趋势,来分析为什么中国制造业企业的产业转型会呈现外生转型的特征。

1. 指标选取

从规模、结构和效率三个方面共 9 项指标来综合衡量企业能力资源水平(Firm's Capacity & Resource,FCR)。具体指标包括,规模方面:用资产总计反映企业的资产规模,总股本反映股本规模,主营业务收入反映业务规模;结构方面:用流通股比例反映股权结构,资产负债率反映资本结构,多角化程度反映产品结构;效率方面:用总资产周转率、净资产周转率反映运营效率,管理费用率反映管理效率。用变量 $FCR_1 \sim FCR_9$,依次代表上述 9 项指标。

2. 数据说明

根据 Wind 资讯金融证券数据库提供的上市公司数据,选取了 127 家样本企业以转型开始年为基期的前 3 年、前 2 年和前 1 年共 3 年的相关指标数据。

3. 评价分析

运用因子分析法,对样本企业的 9 个能力与资源指标进行综合评价。首先,对企业能力资源指标变量组进行因子分析的适用性检验。经过分析,KMO 检验的统计量为 0.630,说明可以进行因子分析;由 Bartlett 球形检验可以看出,χ^2 值为 1704.212(df = 28,P<0.01),并且 9 个指标均在 0.01 水平上显著相关,说明应拒绝各变量独立的假设,即变量间具有较强的相关性;并且,各指标的取样合适性测度

MSA 均大于 0.5。通过检验,说明企业能力资源指标变量组的设置是相对合理的。检验结果如下表 2 - 22、2 - 23 所示:

表 2 - 22　KMO 和巴特利球体检验结果

Kaiser-Meyer-Olkin Measure of Sampling Adequacy.		.630
Bartlett's Test of Sphericity	Approx. Chi-Square	1 704.212
	df	28
	Sig.	.000

表 2 - 23　反映像相关矩阵

		FCR_1	FCR_2	FCR_3	FCR_4	FCR_5	FCR_6	FCR_7	FCR_8	FCR_9
Anti-image	FCR_1	.081	-.087	-.074	.014	-.039	.021	.092	.002	.112
Covariance	FCR_2	-.087	.245	.031	.006	.109	-.101	-.055	.050	-.047
	FCR_3	-.074	.031	.098	-.020	.010	-.021	-.113	-.035	-.124
	FCR_4	.014	.006	-.020	.956	-.073	-.074	.033	.019	.129
	FCR_5	-.039	.109	.010	-.073	.675	-.050	-.154	.273	-.099
	FCR_6	.021	-.101	-.021	-.074	-.050	.799	-.003	-.081	-.048
	FCR_7	.092	-.055	-.113	.033	-.154	-.003	.310	-.140	.125
	FCR_8	.002	.050	-.035	.019	.273	-.081	-.140	.453	.005
	FCR_9	.112	-.047	-.124	.129	-.099	-.048	.125	.005	.660
Anti-image	FCR_1	.516(a)	-.619	-.830	.050	-.167	.083	.583	.013	.483
Correlation	FCR_2	-.619	.679(a)	.199	.012	.268	-.227	-.201	.149	-.116
	FCR_3	-.830	.199	.541(a)	-.065	.040	-.075	-.646	-.165	-.487
	FCR_4	.050	.012	-.065	.545(a)	-.091	-.084	.061	.029	.162
	FCR_5	-.167	.268	.040	-.091	.526(a)	-.068	-.336	.494	-.148
	FCR_6	.083	-.227	-.075	-.084	-.068	.822(a)	-.006	-.135	-.067
	FCR_7	.583	-.201	-.646	.061	-.336	-.006	.584(a)	-.373	.277
	FCR_8	.013	.149	-.165	.029	.494	-.135	-.373	.632(a)	.010
	FCR_9	.483	-.116	-.487	.162	-.148	-.067	.277	.010	.522(a)

a　Measures of Sampling Adequacy(MSA)

　　然后,计算出因子的方差贡献率。在这里,由于因子分析法的目的是为了算出样本企业能力与资源的综合得分,而不是为了提取公因子达到减少变量的目的,所以为了最大程度保持综合评价的准确性,在提取公因子的过程中,指定公因子的数目等于原始变量数,即提取全部 9 个因子,使得累计方差贡献率达到 100%,这样可以完全替代企业能力与资源的 9 个指标所提供的信息。如表 2 - 24 所示。

表 2 - 24　总体方差解释

Component	Initial Eigenvalues			Rotation Sums of Squared Loadings		
	Total	% of Variance	Cumulative %	Total	% of Variance	Cumulative %
1	2.875	31.947	31.947	2.328	25.869	25.869
2	1.632	18.128	50.075	1.090	12.111	37.980
3	1.096	12.181	62.256	1.059	11.770	49.750
4	1.006	11.177	73.432	1.018	11.314	61.064
5	.879	9.768	83.201	1.008	11.203	72.267
6	.804	8.933	92.133	1.003	11.149	83.416
7	.365	4.054	96.187	1.001	11.118	94.534
8	.260	2.887	99.074	.383	4.255	98.789
9	.083	.926	100.000	.109	1.211	100.000

Extraction Method: Principal Component Analysis.

计算得出函数系数矩阵,如表 2 - 25 所示:

表 2 - 25   因子得分系数矩阵

	Component								
	1	2	3	4	5	6	7	8	9
FCR_1	.751	−.014	−.049	−.068	−.033	−.020	−.001	−.962	−2.19
FCR_2	−.003	.009	.018	−.083	.026	.000	−.002	1.661	.285
FCR_3	.349	−.043	−.058	−.053	−.021	−.009	.001	−.395	2.406
FCR_4	−.002	.031	−.003	−.046	−.044	.031	1.008	−.003	.009
FCR_5	−.044	−.104	.046	−.016	1.019	−.028	−.044	.144	.059
FCR_6	−.106	−.053	−.033	1.056	−.015	−.005	−.044	−.145	−.095
FCR_7	−.047	1.257	−.403	−.045	−.081	−.065	.024	.081	−.871
FCR_8	−.071	−.429	1.225	−.031	.036	−.014	−.001	.140	−.289
FCR_9	−.027	−.082	−.014	−.005	−.027	1.014	.031	.033	.102

Extraction Method: Principal Component Analysis.
Rotation Method: Varimax with Kaiser Normalization.

根据表 2 - 25 中的系数矩阵,将 9 个公因子表示为 9 个变量指标的线性形式:

$$F_1 = 0.751FCR_1 - 0.003FCR_2 + 0.349FCR_3 - 0.002FCR_4 - 0.044FCR_5$$
$$- 0.106FCR_6 - 0.047FCR_7 - 0.071FCR_8 - 0.027FCR_9$$

$$F_2 = -0.014FCR_1 + 0.009FCR_2 - 0.043FCR_3 + 0.031FCR_4 - 0.104FCR_5$$
$$- 0.053FCR_6 + 1.257FCR_7 - 0.429FCR_8 - 0.082FCR_9$$

$$F_3 = -0.049FCR_1 + 0.018FCR_2 - 0.058FCR_3 - 0.003FCR_4 + 0.046FCR_5$$
$$-0.033FCR_6 - 0.403FCR_7 + 1.225FCR_8 - 0.014FCR_9$$

$F_4 \sim F_9$ 公因子表示成 9 个变量指标的线性形式，公式类似于上面 $F_1 \sim F_3$ 的计算，这里就不一一赘述。

计算得出所有样本企业在转型前 1 至 3 年"能力与资源"的综合得分。如下面公式所示：

$$FCR = 0.319F_1 + 0.181F_2 + 0.122F_3 + 0.112F_4 + 0.098F_5 +$$
$$0.089F_6 + 0.041F_7 + 0.029F_8 + 0.009F_9$$

最后，对所有样本企业的能力与资源的综合得分求算术平均值，得到企业在转型前 1 年至 3 年的"能力与资源"的平均得分，绘制成折线图如下：

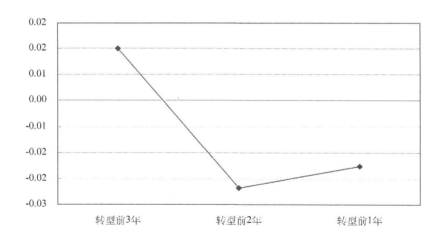

图 2 - 2　转型前 3 年中样本企业的能力与资源的变化趋势

从上图可以看出,转型前企业的能力与资源状况总体呈现下降趋势,导致往往没有能力通过自身积累来实现转型,而往往需要借助外力帮助进行转型。

2.3.2　企业在原产业中的竞争地位

首先,对样本企业在转型开始前 3 年的经营绩效状况的变化趋势,进行综合评价,然后再研究这 3 年间,企业在原产业中竞争地位的变化,从绝对地位和相对地位两个角度,全面分析制造业企业在产业转型前的经营状态,以检验危机转型是否是普遍现象。

1. 样本企业在转型前 3 年中的经营绩效变化趋势

从 3 个方面、11 项指标评价样本企业的经营绩效。用变量 $PER_1 \sim PER_{11}$ 代表 11 个指标,包括企业的盈利能力、成长能力和股本扩张能力。运用因子分析法,选取样本企业以转型开始年为基期的前 3 年、前 2 年和前 1 年共 3 年的相关指标数据进行分析。KMO 检验值为 0.681,可以进行因子分析;χ^2 值为 2992.946(df = 55,P<0.01),变量间具有较强的相关性,说明指标变量的设置是合理的。如表 2 - 26 所示:

表 2 - 26　KMO 和巴特利球体检验结果

Kaiser-Meyer-Olkin Measure of Sampling Adequacy.		.681
Bartlett's Test of Sphericity	Approx. Chi-Square	2 992.946
	df	55
	Sig.	.000

提取全部 11 个公因子,方差贡献率达到 100%,以完全替代企业经营绩效的 11 个指标所提供的信息。如下表:

表 2－27　总体方差解释

Component	Initial Eigenvalues			Rotation Sums of Squared Loadings		
	Total	% of Variance	Cumulative %	Total	% of Variance	Cumulative %
1	4.379	39.813	39.813	1.652	15.019	15.019
2	1.454	13.219	53.032	1.499	13.632	28.651
3	1.221	11.101	64.133	1.333	12.119	40.770
4	1.023	9.301	73.434	1.078	9.804	50.574
5	.869	7.896	81.330	1.047	9.520	60.095
6	.602	5.468	86.798	1.045	9.496	69.590
7	.468	4.254	91.052	1.039	9.444	79.035
8	.454	4.126	95.178	1.025	9.314	88.349
9	.329	2.995	98.173	.996	9.057	97.406
10	.141	1.277	99.451	.185	1.682	99.088
11	.060	.549	100.000	.100	.912	100.000

Extraction Method: Principal Component Analysis.

采用回归方法求出因子得分函数，得出函数系数矩阵如下表所示：

表 2－28　因子得分系数矩阵

	Component										
	1	2	3	4	5	6	7	8	9	10	11
PER_1	－.040	－.006	－.151	－.039	1.060	.071	－.059	－.036	－.063	－.194	.177
PER_2	－.358	.024	－.159	1.298	－.033	－.011	－.058	－.018	－.001	－.204	.030
PER_3	.273	－.021	－.151	－.130	－.036	－.062	－.054	－.032	－.016	2.387	－.545
PER_4	－.108	.152	.294	－.032	－.028	.007	－.009	.014	－.055	－.396	2.630
PER_5	－.305	－.108	1.282	－.120	－.C85	－.030	－.002	.011	－.044	－.288	－2.01
PER_6	.031	.928	－.190	.034	－.C04	.050	－.049	.037	－.106	－.110	－1.63
PER_7	－.074	.038	.027	－.020	－.036	－.018	.060	1.064	－.214	－.122	－.029
PER_8	－.058	－.095	－.065	.002	－.053	－.178	－.134	－.176	1.213	.058	－.130

续表

	Component										
	1	2	3	4	5	6	7	8	9	10	11
PER$_9$	−.143	−.048	.011	−.062	−.054	−.135	1.141	.053	−.145	−.117	.068
PER$_{10}$	−.155	.045	−.034	−.006	.064	1.147	−.136	−.017	−.194	−.156	.035
PER$_{11}$	1.304	.025	−.492	−.316	−.021	−.105	−.097	−.044	−.036	−1.41	.981

Extraction Method：Principal Component Analysis.

Rotation Method：Varimax with Kaiser Normalization.

同样,由表 2 - 28 中的系数矩阵,按照表 2 - 27 中的各公因子对应的方差贡献率,算出 127 家样本企业在转型前 1 至 3 年的"经营绩效"综合得分,即为:

$$PER = 0.398F_1 + 0.132F_2 + 0.111F_3 + 0.093F_4 + 0.079F_5 + 0.055F_6$$
$$+ 0.043F_7 + 0.041F_8 + 0.030F_9 + 0.013F_{10} + 0.005F_{11}$$

最后对所有样本企业的综合得分求算术平均值,得到样本企业在转型前 1 至 3 年的平均经营绩效得分,绘制成折线图如下:

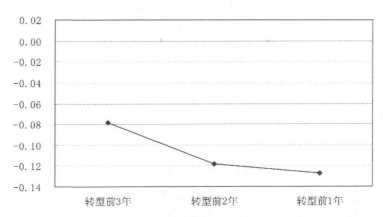

图 2 - 3 转型前 3 年中样本企业经营绩效的变化趋势

从上图可以看出,在转型前3年的时间里,样本企业的经营绩效一路下滑,整体绩效水平不佳,这说明大多数企业在转型前已经面临严重的经营危机,为扭转颓势,而不得不进行产业转型,所以才会有近60%的企业在转型时机上表现为危机转型的特征。这一特征在下文对企业在原行业中竞争地位的分析中,可以得到进一步的证实。

2. 样本企业在转型前3年中在原产业中竞争地位的变化趋势

研究共选取了8项指标,从盈利能力和成长能力两个角度来衡量样本企业与原产业平均水平的差异,即企业在原产业中的竞争地位(the Competitive Position in the Original Industry of Firms,为表述方便,全文简称 OIF)。KMO 和巴特利球体检验结果如下表所示:

表 2-29　KMO 和巴特利球体检验结果

Kaiser-Meyer-Olkin Measure of Sampling Adequacy.		.762
Bartlett's Test of Sphericity	Approx. Chi-Square	387.651
	df	28
	Sig.	.000

表 2-30　反映像相关矩阵

		OIF_1	OIF_2	OIF_3	OIF_4	OIF_5	OIF_6	OIF_7	OIF_8
Anti-image	OIF_1	.681	−.167	−.021	−.148	.034	−.057	.046	.092
Covariance	OIF_2	−.167	.522	−.067	−.234	−.005	.042	−.016	−.064
	OIF_3	−.021	−.067	.459	−.077	−.145	−.107	−.091	.102
	OIF_4	−.148	−.234	−.077	.501	.060	.015	−.046	−.111
	OIF_5	.034	−.005	−.145	.060	.454	−.191	.045	−.019
	OIF_6	−.057	.042	−.107	.015	−.191	.338	−.160	−.101
	OIF_7	.046	−.016	−.091	−.046	.045	−.160	.557	−.135
	OIF_8	.092	−.064	.102	−.111	−.019	−.101	−.135	.744

		OIF$_1$	OIF$_2$	OIF$_3$	OIF$_4$	OIF$_5$	OIF$_6$	OIF$_7$	OIF$_8$
Anti‒image	OIF$_1$	.759(a)	‒.280	‒.037	‒.254	.060	‒.120	.074	.130
Correlation	OIF$_2$	‒.280	.730(a)	‒.136	‒.458	‒.011	.100	‒.029	‒.102
	OIF$_3$	‒.037	‒.136	.821(a)	‒.160	‒.317	‒.271	‒.180	.174
	OIF$_4$	‒.254	‒.458	‒.160	.724(a)	.125	.037	‒.087	‒.181
	OIF$_5$	.060	‒.011	‒.317	.125	.742(a)	‒.486	.090	‒.032
	OIF$_6$	‒.120	.100	‒.271	.037	‒.486	.741(a)	‒.369	‒.202
	OIF$_7$	.074	‒.029	‒.180	‒.087	.090	‒.369	.819(a)	‒.209
	OIF$_8$	.130	‒.102	.174	‒.181	‒.032	‒.202	‒.209	.745(a)

a Measures of Sampling Adequacy(MSA)

同样,提取全部 8 个公因子,方差贡献率达到 100%,可以完全替代"企业在原产业中竞争地位"的 8 个指标所提供的信息。如表 2‒31 所示:

表 2‒31 总体方差解释

Component	Initial Eigenvalues			Rotation Sums of Squared Loadings		
	Total	% of Variance	Cumulative %	Total	% of Variance	Cumulative %
1	2.569	32.110	32.110	1.035	12.943	12.943
2	1.183	14.791	46.901	1.017	12.710	25.653
3	.989	12.363	59.264	1.015	12.690	38.342
4	.940	11.748	71.012	1.010	12.626	50.968
5	.828	10.346	81.358	1.006	12.571	63.539
6	.660	8.253	89.610	1.002	12.519	76.058

续表

Component	Initial Eigenvalues			Rotation Sums of Squared Loadings		
	Total	% of Variance	Cumulative %	Total	% of Variance	Cumulative %
7	.490	6.124	95.734	.989	12.367	88.425
8	.341	4.266	100.000	.926	11.575	100.000

Extraction Method: Principal Component Analysis.

运用回归方法求出因子得分函数。因子得分系数矩阵如下表所示:

表 2‐32 因子得分系数矩阵

	Component							
	1	2	3	4	5	6	7	8
OIF_1	−.079	.041	−.035	1.039	−.032	−.005	−.053	−.105
OIF_2	1.206	−.037	−.028	−.070	−.004	.000	−.058	−.426
OIF_3	−.028	−.002	1.068	−.034	−.083	−.006	−.069	−.176
OIF_4	−.347	−.145	−.136	−.081	.020	−.021	−.096	1.339
OIF_5	.001	−.004	−.006	−.005	−.071	1.008	.004	−.029
OIF_6	−.006	−.082	−.080	−.030	1.130	−.063	−.270	.027
OIF_7	−.057	−.104	−.063	−.047	−.252	.003	1.177	−.108
OIF_8	−.038	1.083	−.002	.039	−.084	−.004	−.113	−.186

Extraction Method: Principal Component Analysis.
Rotation Method: Varimax with Kaiser Normalization.

计算得出样本企业在转型前 1 至 3 年"企业在产业中竞争地位"的综合得分:

$$OIF = 0.321F_1 + 0.148F_2 + 0.124F_3 + 0.117F_4 + 0.103F_5$$
$$+ 0.083F_6 + 0.061F_7 + 0.043F_8$$

然后对样本得分求算术平均值,绘制成折线图如下:

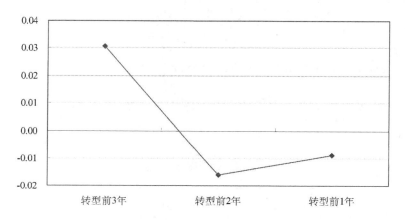

图 2 - 4　转型前 3 年中样本企业在原产业中竞争地位的变化趋势

上图表明,转型前三年中样本企业在原产业中的竞争地位呈现下降趋势,企业市场竞争地位不断恶化,通过转型进入新产业,是缓解生存危机的被迫之举。

2.3.3　新产业对企业的吸引力

为什么大多数企业在转型时,多以盈利导向为主,选择的目标产业相对比较集中,多为被普遍看好的新兴产业?从原产业与新产业的差距,以及企业与新产业的差距两个角度来可以获得解释。

1. 原产业与新产业差距(OIN)的变化趋势

分析中,共选取了 8 项指标,从盈利水平和成长水平这两个角度来评价原产业与新产业平均水平的差异。KMO 和巴特利球体检验结

果如下表所示:

表 2 - 33 KMO 和巴特利球体检验结果

Kaiser-Meyer-Olkin Measure of Sampling Adequacy.		.646
Bartlett's Test of Sphericity	Approx. Chi-Square	2 529.951
	df	28
	Sig.	.000

同样,提取全部 8 个公因子,累计方差贡献率达到 100%,完全替代 8 个指标所提供的信息。如表 2 - 34 所示:

表 2 - 34 总体方差解释

Component	Initial Eigenvalues			Rotation Sums of Squared Loadings		
	Total	% of Variance	Cumulative %	Total	% of Variance	Cumulative %
1	3.496	43.701	43.701	2.000	24.995	24.995
2	1.458	18.226	61.927	1.825	22.817	47.812
3	.973	12.164	74.091	1.050	13.130	60.942
4	.863	10.787	84.878	1.012	12.654	73.596
5	.641	8.019	92.896	1.010	12.624	86.220
6	.414	5.179	98.075	.938	11.723	97.943
7	.112	1.402	99.477	.120	1.495	99.438
8	.042	.523	100.000	.045	.562	100.000

Extraction Method: Principal Component Analysis.

表 2 - 35 因子得分系数矩阵

	Component							
	1	2	3	4	5	6	7	8
OIN_1	-.059	-.056	.012	1.026	.002	-.073	-.004	.313

续表

	Component							
	1	2	3	4	5	6	7	8
OIN_2	.592	−.034	−.075	−.029	−.061	−.229	−.052	3.399
OIN_3	−.252	−.168	.076	−.060	−.005	1.262	−.114	−.076
OIN_4	.613	−.041	−.060	−.043	−.062	−.234	.227	−3.36
OIN_5	−.095	−.298	1.200	.008	−.046	.085	−.611	−.257
OIN_6	−.030	.503	−.180	−.027	−.034	−.112	2.290	−.438
OIN_7	−.041	.769	−.246	−.036	−.051	−.136	−1.90	.464
OIN_8	−.094	−.075	−.052	.002	1.042	.000	.107	−.036

Extraction Method：Principal Component Analysis.

Rotation Method：Varimax with Kaiser Normalization.

计算得出样本企业在转型前 1 至 3 年的"原产业与新产业差距"的综合得分。即：

$$OIN = 0.437F_1 + 0.182F_2 + 0.122F_3 + 0.108F_4 + 0.080F_5 +$$
$$0.052F_6 + 0.014F_7 + 0.005F_8$$

对样本得分求算术平均值，绘制成折线图如下：

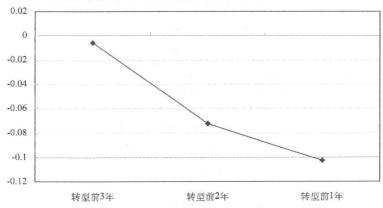

图 2‑5　转型前 3 年中样本企业涉及的"原产业与新产业的差距"的变化趋势

　　从上图可以很明显的看出,在转型前 3 年中,样本企业所在的原产业和转型要进入的新产业相比差距不断拉大,由此,企业倾向于转入盈利水平较高的新产业。

　　2. 新产业对企业吸引力(NIF)的变化趋势

　　新产业对企业的吸引力(the Attraction of the New Industry to the Firm,为表述方便,全文简称 NIF),其实就是企业与新产业绩效水平之间的差距,差距越大说明新产业对企业吸引力越大。KMO 和巴特利球体检验结果如下表所示:

表 2－36　KMO 和巴特利球体检验结果

Kaiser-Meyer-Olkin Measure of Sampling Adequacy.		.708
Bartlett's Test of Sphericity	Approx. Chi-Square	321.764
	df	28
	Sig.	.000

表 2－37　反映像相关矩阵

		OIF_1	OIF_2	OIF_3	OIF_4	OIF_5	OIF_6	OIF_7	OIF_8
Anti-image	NIF_1	.704	－.163	－.024	－.140	－.030	－.025	.012	.085
Covariance	NIF_2	－.163	.537	－.012	－.242	－.064	.050	－.035	－.051
	NIF_3	－.024	－.012	.645	－.116	－.118	－.137	－.003	.067
	NIF_4	－.140	－.242	－.116	.498	－.014	.028	－.034	－.120
	NIF_5	－.030	－.064	－.118	－.014	.696	－.177	.111	－.089
	NIF_6	－.025	.050	－.137	.028	－.177	.352	－.261	.019
	NIF_7	.012	－.035	－.003	－.034	.111	－.261	.422	－.131
	NIF_8	.085	－.051	.067	－.120	－.089	.019	－.131	.810

		OIF_1	OIF_2	OIF_3	OIF_4	OIF_5	OIF_6	OIF_7	OIF_8
Anti-image	NIF_1	.807(a)	−.265	−.036	−.236	−.043	−.051	.023	.112
Correlation	NIF_2	−.265	.726(a)	−.021	−.468	−.105	.116	−.074	−.077
	NIF_3	−.036	−.021	.832(a)	−.204	−.177	−.287	−.006	.092
	NIF_4	−.236	−.468	−.204	.737(a)	−.023	.067	−.074	−.189
	NIF_5	−.043	−.105	−.177	−.023	.731(a)	−.357	.206	−.119
	NIF_6	−.051	.116	−.287	.067	−.357	.614(a)	−.677	.037
	NIF_7	.023	−.074	−.006	−.074	.206	−.677	.625(a)	−.224
	NIF_8	.112	−.077	.092	−.189	−.119	.037	−.224	.738(a)

a　Measures of Sampling Adequacy(MSA)

表 2‑38 给出了各个因子的方差贡献率,分析中提取所有因子,使得"新产业对企业吸引力"的综合评分更加准确。

表 2‑38　总体方差解释

Component	Initial Eigenvalues			Rotation Sums of Squared Loadings		
	Total	% of Variance	Cumulative %	Total	% of Variance	Cumulative %
1	3.122	39.019	39.019	1.180	14.755	14.755
2	1.520	18.995	58.014	1.044	13.053	27.809
3	.981	12.256	70.270	1.034	12.927	40.736
4	.755	9.435	79.705	1.030	12.878	53.613
5	.584	7.298	87.003	1.022	12.771	66.385
6	.485	6.058	93.062	1.005	12.558	78.943
7	.343	4.281	97.343	.945	11.816	90.758
8	.213	2.657	100.000	.739	9.242	100.000

Extraction Method: Principal Component Analysis.

表 2-39 为因子得分的函数系数矩阵:

表 2-39　因子得分系数矩阵

	Component							
	1	2	3	4	5	6	7	8
NIF_1	−.005	−.045	−.050	1.149	.042	−.221	−.207	−.042
NIF_2	−.045	−.066	−.037	−.196	−.069	1.286	−.384	.097
NIF_3	−.093	−.148	1.190	−.047	.034	−.035	−.156	−.273
NIF_4	−.061	−.032	−.136	−.171	−.115	−.344	1.349	.053
NIF_5	.043	1.138	−.157	−.045	−.064	−.073	−.033	−.321
NIF_6	−.382	−.186	−.184	−.031	−.015	.058	.023	1.619
NIF_7	1.316	.040	−.086	−.002	−.142	−.041	−.060	−.778
NIF_8	−.172	−.070	.038	.046	1.081	−.081	−.149	.014

Extraction Method: Principal Component Analysis.
Rotation Method: Varimax with Kaiser Normalization.

由上述系数矩阵,可以将 8 个公因子表示为 8 个具体变量指标的线性形式,计算得出样本企业在转型前 1 至 3 年的"新产业对企业吸引力"的综合得分。即:

$$NIF = 0.390F_1 + 0.190F_2 + 0.123F_3 + 0.094F_4 + 0.073F_5 +$$
$$0.061F_6 + 0.043F_7 + 0.027F_8$$

最后对样本综合得分求算术平均值,得到样本企业在转型前 1 至 3 年的"新产业对企业吸引力"的平均得分,绘制成折线图如下:

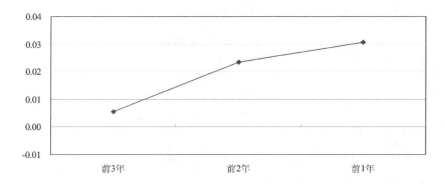

图2-6 转型前3年中样本企业的"新产业对企业的吸引力"的变化趋势

从上图可以看出,转型前3年中,企业与新转入产业之间绩效差距越来越大,即新产业对企业吸引力越来越强。企业转型时倾向于转入当期盈利水平较高的产业,如房地产、生物医药等。对企业而言,成功的转型不仅要看到目标产业当前的高利润诱惑,还应对目标产业未来的成长趋势做仔细分析,寻找与自身能力资源相匹配,满足企业长期发展需要的新产业。

第三章 智能化升级：传统制造业转型升级的未来抉择

纵观全球产业发展，主要发达国家推行的制造业回归战略中，智能制造成为破解人力资源短缺、提高生产效率和质量的主要发力点；我国在《中国制造2025》中也将智能制造作为主攻方向，推出了一系列支持举措；对江苏而言，制造业总体仍处于全球产业链的中低端，大而不强的问题突出，智能制造在技术创新上的集成性和产业应用上的泛在性，能够有效服务推动产业转型升级、高质量发展。

3.1 智能制造的内涵特征

当前，世界经济正在加快向数字化转型，发达国家希望通过智能制造重塑全球领先优势。从我国情况看，虽然制造业规模早已位居全世界首位，但总体仍处于产业链价值链向上攀升的关键阶段。面对技术变革和国际竞争，加快提升中国制造的质量和效益、建设制造强国日益成为当务之急。以智能制造为主攻方向，促进传统制造业改造升级，推动制造业转型升级，是实现制造业高质量发展的重要路径。

3.1.1　智能制造的时代背景

从我国智能制造推广应用的实践进展看,《中国制造 2025》印发后,近年来,国务院及其相关部门陆续又出台了多个政策文件,对智能制造的发展规划、实施指南、标准体系、硬件产业等方面都提出了相应的要求,并提出了到 2025 年我国智能制造发展的"两步走"战略,并且明确了夯实智能制造产业基础、锻强智能制造产业链价值链的重点任务和发展路径,形成了以《中国制造 2025》为纲、智能制造相关规划和政策为目的智能制造政策系统体系。在国家制造强国建设领导小组的统筹领导下,工信部等国家有关部门自 2015 年起实施了智能制造标准体系建设等一系列推进行动,取得了良好成效。广大企业在关键装备、核心支撑软件、工业互联网与信息安全系统等方面,积极开展智能制造集成应用,并由此带动了智能制造所需的关键技术装备突破,逐渐发展成了智能制造新模式,集中体现在远程运维服务、网络协同制造、大规模个性化定制等方面,相关重点示范企业已经初步实现了生产经营的数字化、网络化、智能化转型,建设了一批智能车间、数字矿山、智能工厂等示范项目。

虽然近年来我国智能制造发展迅速、成效明显,但应该看到,我国制造业总体还是大而不强,智能制造发展还处于早期探索阶段,存在许多制约因素和薄弱环节。一是不少关键装备和核心技术还高度依赖进口,如高端工业机器人、部分工业软件、高端数控机床等。二是支撑智能制造发展的基础薄弱。智能制造标准话语权不足,信息基础设施建设水平仍然较低,智能制造系统服务水平也较低。三是不同行业中的不少企业制造水平良莠不齐,对智能制造的理解缺乏整体全局性,认为智能制造就是生产过程的智能化,或是生产自动化＋管理信息化,还有的理解为

"机器换人"，或只是一味地追求技术装备的先进性，但却与自身所处的行业特征和发展阶段不相匹配，影响智能制造所能达到的预期效果。四是智能制造产业的生态系统发展相对滞落后。智能装备、工业软件等领域尚未出现具有足够竞争力的平台型集成创新产品和企业。我国自主智能制造系统解决方案和行业标准滞后于国内智能制造发展需求。总体上看，能够为企业提供智能制造规划咨询、设备检测、网络平台资源共享的服务机构相对缺乏。

因此，在系统梳理和定义智能制造关键技术发展现状和变革方向的基础上，科学构建智能制造评价指标体系、测度和评价智能制造发展能力和水平，并通过计量经济学模型深入研究智能制造对我国制造业转型升级的影响和作用程度，进而诊断和评估智能制造面临的问题、调整和优化企业智能化转型的行为，对发展智能制造、建设制造强国具有重要的理论意义和实践价值。

3.1.2 智能制造的内涵界定

结合上述智能制造不同发展阶段和不同角度的定义，在梳理国内外理论研究成果和实践做法的基础上，本研究将智能制造定义为在大数据、云计算、人工智能等新一代信息技术的基础上，通过智能控制、集成互联、协同融合等方式，逐步实现制造装备和制造过程从数字化、网络化向智能化的转型升级，是信息、智能与制造技术的深度融合，主要包括智能制造技术，与智能制造系统两个部分。其主要有如下三个特征：一是系统性，体现在产品生产管理的整个过程中，包括智能制造装备、系统集成、智能管理和服务平台等；二是创新性，具体体现在生产组织方式、制造方式和商业模式等方面的变革和创新；三是可扩展性，即伴随智能制造技术的发展,其推广应用范围将不断扩展。智能制造可能的影响因素包括:技术创新、数字化转型、集成互联、协同融合等内部因素,和技术进步、宏观政策和人才供给等外部因素。智能制造已经成为产业技术变革的重要方向和突破口。

智能制造的技术特征具体体现在自动化制造系统的生产能力和智能程度,工业智能机器人的广泛应用程度,物联网的发展程度,工业互联网的协同程度以及工业大数据的应用处理能力等方面。

3.1.3　智能制造与传统制造的异同

智能制造体现了制造的柔性化、智能化和高度集成化[151],其与传统制造的异同点,主要体现在产品的设计、加工、制造及服务等几个方面。

一是在产品设计方面,传统制造主要是根据功能需求设计常规产品,设计周期较长;智能制造主要是根据用户需求设计个性化产品,设计周期相对较短。两者的差别在于:设计理念与使用价值观的改变、设计方式的改变、设计手段的改变、产品功能的改变。

二是在产品加工方面,传统制造的主要特点包括:加工过程按计划进行、生产过程高度集中、人机分离、减材加工成型方式;而智能制造的主要特点为:加工柔性化智能化、生产组织方式个性化、网络化实施检测与智能控制、减材增材多种加工成型方式。两者差别在于:加工方式的改变、加工原料的改变、加工过程的改变。

三是在制造管理方面,传统制造的主要特点是:以人工管理为主、以企业内管理为主;而智能制造的主要特点是:应用计算机信息管理技术、实行机器与人交互指令管理、延伸到上下游企业。两者差别在于:管理对象变化、管理方式变化、管理手段变化、管理范围扩大。

四是在产品服务方面，传统制造主要聚焦于产品本身，智能制造则关注产品全生命周期。两者差别在于：服务对象范围扩大、服务方式变化、服务责任增大。

3.2 智能制造的主要范式

在总结国内外主要研究成果特别是中国工程院相关研究的基础上，概括智能制造演进发展中的三种主要范式：

3.2.1 数字化制造

数字化制造本质就是数字技术和制造技术的深度融合，其内涵主要体现在三个方面：一是在设计环节引入数字技术，即数字化设计；二是在控制环节引入数字技术，即数字化控制；三是在管理环节引入数字技术，及数字化管理。由此，数字化制造业主要从设计、生产控制、企业管理等各个环节引入数字技术，从而实现设计等环节的仿真化以节省设计成本。

3.2.2 网络化制造

网络化制造本质就是网络技术与制造技术的深度融合，其内涵主要体现在三个方面：一是通过网络技术，实现网上协同设计、远程共享；二是通过网络技术，实现生产制造过程的信息数据共享，包括企业内部的信息整合和企业外部的设备远程监控和运维；三是通过网络技术，实现管理和售后服务等环节的网络化，实现网络定制、在线服务等，逐步将生产过程从以企业为中心向以客户为中心转变，提高了产品和服务的精准性。

3.2.3　智能化制造

智能化制造本质是智能技术与制造技术的深度融合,其内涵主要体现在,在设计、生产控制、管理和服务等环节全方位引入智能制造技术,通过传感器、信息流、智能终端等集成运用,实现每个环节的自我感知、决策、执行等,从而缩短设计周期、降低生产成本、提高产品质量、优化企业管理、提升售后服务,影响甚至传统生产方式乃至生活方式,从根本上推进新一轮工业革命的发展。

综上可见,智能制造的三个基本范式实际上就是智能制造演进的基本规律,实现智能制造,数字化是工具,网络化是基础,智能化是目标。

3.3　智能制造的评价测度

智能制造水平的测度,既能够衡量国家、区域、行业及企业智能制造水平,指导推进智能制造应用推广;也能够分析指出区域、行业及企业智能化转型中存在的不足,指出下一步重点改进突破的方向;还能够实现对未来制造业转型升级方向和路径的引导。

3.3.1　评价指标体系的功能定位

智能制造测度指标体系设计的目的,在于解决指标体系的服务对象和服务内容的问题。对我国智能制造总体情况的把握以及对各个地区、行业及企业智能制造发展情况的衡量,并在此基础上对智能制造的宏观规划和政策供给,都离不开智能制造指标体系的统计信息。从企业的角度看,智能制造指标信息将有助于企业实现自我改造提升,明确数字化、网络化、智能化改造的方向和路径。

智能制造评价指标体系从政策评估、经济评估、激励调节和科学研究等四个方面,对智能制造发展进行引导。一是确定智能制造实测指标,分析智能制造发展现状:对我国智能制造发展水平和发展趋势进行测度,并对智能制造相关政策的实施效果进行评价;二是比较全国和各个地区智能制造水平和产业转型升级程度,并揭示出两者之间是否存在相关性?是正相关还是负相关?从而推论出智能制造与产业转型升级之间的内在关系。三是分析各种因素对智能制造总体变动结果是如何产生影响的,影响程度如何,何种因素为主导。四是分析企业信息化深度融合水平高低,并评估企业在本行业信息化融合中所处的位置,从中找出差距并明确改进方向,帮助企业优化提升。

3.3.2 评价指标体系的标准构成

准确评价智能制造水平,是深入进行量化研究的前提,本研究尝试构建了智能制造水平测度指标体系及其评价方法。根据上文分析的智能制造的特征,综合相关研究文献,本文认为智能制造评价指标体系标准包括:智能装备、工业互联网、智能服务、价值链协同、效益评价。

1. 智能装备

具体评价标准包括:人机交互系统标准、传感器及仪器仪表标准、控制系统标准。

2. 工业互联网

工业互联网通过人机连接、大数据分析、智能决策、网络优化,重构产业链乃至全球工业,帮助工业企业实现内部智能化网络化,促进与外部进行有效交换需求,提高生产率。具体评价标准包括:网络技术标准、资源管理标准、网络设备标准。

3. 智能服务

智能服务综合利用企业内外部各类资源,构建用户需求结构模型,通过数据挖掘和商业智能分析,以创新新业务、新模式为着眼点,提供各类规范可靠的能满足用户隐性及显性需求的服务。具体评价标准包括:个性化定制标准、远程运维标准、工业云标准。

4. 价值链协同

具体评价标准包括:跨企业共享制造资源的能力、关键环节协同制造能力、柔性化配置资源和服务的能力。

5. 效益评价

主要包括经济及社会效益这两个方面,具体评价指标包括行业的创新能力贡献率、投资回报率、生态环境贡献率。

3.3.3 评价指标体系的评价方法

采用抽样调查的方式,调查相关区域和行业实施智能制造改造的工业企业样本,在此基础上完成指数测算。

各评估指标原始值记为 X_{ni}(n = 年份,i = 指标),无量纲化后值记为 Z_{ni} ,指标的无量纲化用取对数的方式。以《中国制造 2025》中的 2015 年作为基期,将 2015 年各地数据的中间值记为 $\overline{Z}_{(n=2015)i} = 50$。2015 年之后第 n 年无量纲化后的值为 $Z_{ni}(n \geqslant 2015)$。2015 年各地的各评估指标的中间水平值记为 $\overline{X}_{(n=2015)i}$ 。

$$\text{正指标计算公式：} Z_{ni} = \left[Log_2 \left(1 + \frac{X_{ni}}{\overline{X}_{(n=2015)i}} \right) \right] * 50$$

$$\text{逆指标计算公式：} Z_{ni} = \left[Log_2 \left(1 + \frac{\overline{X}_{(n=2015)i}}{X_{ni}} \right) \right] * 50$$

采用模糊数学法（Fuzzy）确定各指标权重。

I_n 代表智能制造发展综合指数，计算公式如下：

$$I_n = \sum_{j=1}^{5} \left(I_{jn} \frac{\sum_{i=jmin}^{jmax} W_i}{\sum_{i=1}^{15} W_i} \right), \text{即 } I_n = \frac{\sum_{i=1}^{15} Z_{ni} W_i}{\sum_{i=1}^{15} W_i}$$

3.4　智能制造的产才融合

人才作为首要创新资源和关键产业要素，在促进智能制造成果转化、推动智能制造产业发展等方面发挥着越来越关键的作用，但也面临着总量不足、层次偏低、结构性矛盾突出等问题，因而深化人才供给侧结构性改革，并扩大人才的有效供给，不断提高智能制造产才匹配度和人才贡献率就显得格外迫切了。

3.4.1　智能制造产才融合现状

产业的发展离不开人才的贡献，产才融合已成为江苏人才工作的鲜明特色和重要经验之一。具体到智能制造领域，江苏近年来不断加大智能制造人才与产业发展深度融合，取得了良好成效。

一是制度上抓好"四个同步"。一是同步编制产业与人才规划,构建起"一行业领域一人才规划"的发展格局;二是同步招引产业项目与产业人才,产业、商务、科技等部门联合,赴欧美发达国家开展"双招双引"活动,实现招商引资与招才引智并举;三是同时投入大量资金,用于产业与人才发展,并引导和推动政府财政资金优先支持人才发展;四是同步找准产业发展和人才发展的方向。目前,从资助引进的6000余名"双创计划"人才来看,产业人才占比超过70%;全国"千人计划"创业类人才中,江苏占比一直保持在30%左右,有力支撑了产业的发展。

二是重视企业和园区的共同发展。一方面突出企业在用人方面的主体作用,在"聚才用才引才"方面制定相关有利政策和制度,着力降低企业成本。二是加大对科技型企业家引进培育力度,大力培育既有自主技术成果又懂生产经营的创新创业型人才。三是充分发挥园区主阵地作用,推动人才向园区集聚。目前,全省省级以上开发区创造了全省50%以上的经济总量和50%以上的财政收入,集聚了80%以上的高新技术企业和80%以上的新引进高层次人才。

三是从源头上抓好技能人才培养。支持高等院校、职业学校等与企业联合开展面向细分行业的智能制造人才定制式培养,打造多层次、宽领域的人才实训基地,充分发挥和挖掘职业技术院校和企业熟练高级技工资源,培养一批能操作、懂调试、会研究的技能型和应用型复合人才。目前,全省共有技工院校124所,在校学生26.22万人。

四是加大金融支持力度。扩大"人才贷"等定制化金融产品供给,进一步完善人才金融线上平台,提升融资速度、降低融资成本,更好地满足人才融资需求。

3.4.2　智能制造产才融合存在的问题

在江苏智能制造推进过程中，领军人才和高技能人才培养重视不够、投入不足，形成了智能制造人才需求持续快速增长与有效供给不足的矛盾，影响了智能制造的竞争力提升和可持续发展。

从需求侧看，智能化改造升级以及相关新产业新业态发展，都对相关领域的顶级科技研发人才、专业技能人才、企业家人才等提出了巨大需求。同时，智能化生产对复合型人才有着更高需求，既要熟悉机电一体化、精益制造等知识，又要熟悉通讯互联、智能分析等信息化技术。总体上讲，智能制造虽可以起到减员效果，但对人的要求更高，提高了系统性、复合性方面的能力需求。

从供给侧看，目前无论是智能制造领域的顶尖科学家、专业技术人员、工程师，还是产业管理人才和技能人才，都存在较大缺口，而既懂生产制造、又懂企业管理、还熟悉信息化的复合型人才则更为缺乏。据估算，我省新一代信息技术产业领域的年度人才缺口在 20 万人左右。除了总量短缺外，人才质量和效益也有待提高，一方面高端技术技能型人才供给不足，另一方面中低端人才供给过剩，存在着结构性矛盾，阻碍企业创新发展和生产效率提升，不利于实现"人才引领"和制造强国建设。

3.4.3　智能制造产才融合问题原因分析

深入分析原因，主要还是智能制造领域产才融合的机制尚未有效建立，人才链与智能制造产业链深度对接、人才发展与智能制造产业深度融合的格局尚未真正形成：

一是学校培养与产业需求脱节。脱节的主要原因还在于产教融合程度较低、工程教育实践环节薄弱，基础能力建设滞后。首先，当前高校制造类专业呈现萎缩态势，尤其在新能源、新材料、人工智能等关键领域、前沿领域，存在创新资源分散、科研与产业结合度不高等问题；院校在专业建设上不能很好的满足智能制造企业对知识结构复合型技能人才的更高要求。其次，专业设置较为狭窄且界限分明，现有的高等教育和职业教育等的专业设置、课程体系设置等，都是适应大工业时代需要而设立的，不可避免地与智能制造时代对专业设置、技能要求、知识结构等的需求不尽吻合，教学内容相对滞后，未能根据智能制造发展的新形势及时更新课程内容并开始新的教学科目，培养与智能制造重点发展领域相关匹配的专业人才。据企业反映，由于高等教育课程设置脱离实际需求，企业很难找到既懂信息技术又懂生产制造过程的人才。再者，重理论轻实践，学生缺乏思维能动性、探索性以及对所学知识的操作性，生产教学结合不紧密；学校教学体系相对封闭，优质教育资源共享机制缺乏，产学研用合作项目及领域较窄较少、内容形式单一，缺乏有效的育人协同机制。

二是企业主体作用没有充分发挥。很多企业家并没有意识到"智能＋"赋能传统产业转型升级的重要性，积极性不强。企业在智能制造人才培养中的主体作用没有得到充分发挥，面向智能制造的一线职工、高级技师和一线工程师比较缺乏，影响了智能制造的长远发展。部分企业家对发展智能制造的理解还不全面，片面追求技术和装备的先进性，忽视了技能人才的地位和作用，甚至迷信"机器换人"，也导致了对智能制造人才队伍的负面影响。

三是国外高层次人才引进难度加大。当前，中美经贸摩擦仍在持续演进,并且有从贸易战向科技战、金融战扩张的迹象。长远看,美国对我国科技创新和高端人才的封锁打压将成为常态,进一步压制我国的科学技术尤其是高科技的发展,通过各种手段限制我国取得包括智能制造在内的先进技术,我省智能制造技术创新尤其是美国控制关键技术的重点领域将面临更加严峻的外部环境,包括智能制造人才在内的高层次引进将受到较大阻力。

四是青年技能人才流失严重。目前制造业企业中,掌握智能制造相关技能、能够操作各种数控机床和工业机器人的技能人才相对较为缺乏。近年来,江苏制造业企业青年技能人才流失越来越多,尤其是熟练工人流失率持续增高,必须引起重视。由于时代因素和社会因素,年轻人就业观念正在发生转变,不少人不愿进工厂从事相对枯燥、收入不高的工人职业,而选择从事工作方式较为自由的外卖、快递员等职业。

第四章 从跨部门转型向智能化升级的嬗变与跨越

产业转型升级体现在其内部组成企业的盈利水平和成长能力得到提升,本研究采用计量经济方法,对样本企业进行跨部门转型与绩效的关联分析,并通过行业和案例对智能化升级与绩效的关联分析,得出了随着信息技术的巨大发展和融合应用,传统制造业企业有逐步通过智能化升级实现企业改造升级的趋势,并逐渐成为整个传统制造业转型升级高质量发展的重要路径。

4.1 跨部门转型与绩效的关联分析

运用非参数检验方法,通过转型前后 8 年的样本数据,研究转型前后企业经营绩效是否存在显著差异,以及转型企业与非转型企业经营绩效是否有显著差异。

4.1.1 非参数检验

1. 变量界定

基本上文的理论分析,本研究建立指标体系对经营绩效进行综合评价,如表4-1所示。

表4-1 初步拟定的企业经营绩效评价指标体系

指标类型	指标名称	变量定义	指标意义	计算方法
盈利能力	主营业务利润率（%）	YL_1	反映三营业务的盈利能力	主营业务利润/主营业务收入
	净资产收益率（%）	YL_2	反映企业所有者权益的盈利能力	净利润/期末净资产
	资产报酬率（%）	YL_3	反映总资产的盈利能力	净利润/平均资产总额
	市盈率	YL_4	反映投资者对企业盈利能力的预期	每股市场价格/每股盈利
成长能力	主营业务收入同比增长率（%）	CZ_1	反映主营业务的增长能力	期末主营业务收入/期初主营业务收入-1
	总资产同比增长率（%）	CZ_2	反映总资产的增长能力	期末总资产/期初总资产-1
	净资产同比增长率（%）	CZ_3	反映净资产的增长能力	期末净资产/期初净资产-1
	净利润同比增长率（%）	CZ_4	反映净利润的增长能力	期末净利润/期初净利润-1

续表

指标类型	指标名称	变量定义	指标意义	计算方法
股本扩张能力	每股净资产(元)	GB$_1$	衡量投资者每股所有者权益	净资产/期末总股本
	每股未分配利润(元)	GB$_2$	反映企业持续成长的可能性	未分配利润/期末总股本
	每股资本公积金(元)	GB$_3$	反映股票的分红派息送转能力	资本公积金/期末总股本
	每股收益(元)	GB$_4$	反映企业平均每股的盈利能力	净利润/期末总股本

2. 探索性因子分析(EFA)

初步拟定指标体系后,需要验证指标体系设定是否合理。由于后续在转型前后绩效的对比分析中准备采用 8 年的数据,除去转型开始年和转型完成年之外的 6 年的数据不直接用于绩效的对比分析,因此可以用这 6 年的数据做 EFA 分析;由于这 6 年数据中有不少企业有交叠,因此分成两组分别做 EFA,然后相互验证。分析结果如下:

表 4 - 2　KMO 和巴特利球体检验结果

Kaiser-Meyer-Olkin Measure of Sampling Adequacy.		.708
Bartlett's Test of Sphericity	Approx. Chi-Square	2 518.157
	df	55
	Sig.	.000

表 4 - 3　反映像相关矩阵

		YL_1	YL_2	YL_3	CZ_1	CZ_2	CZ_3	CZ_4	GB_1	GB_2	GB_3	GB_4
Anti-image Covariance	YL_1	.889	.034	-.058	.013	.068	-.006	.006	.029	-.003	-.033	-.006
	YL_2	.034	.422	-.137	-.006	.074	-.083	.155	-.006	-.018	.007	.045
	YL_3	-.058	-.137	.139	-.009	-.023	-.045	-.114	.015	.004	.007	-.094
	CZ_1	.013	-.006	-.009	.916	-.143	.044	-.076	.004	.045	.004	-.019
	CZ_2	.068	.074	-.023	-.143	.728	-.185	.031	-.010	.029	.016	-.027
	CZ_3	-.006	-.083	-.045	.044	-.185	.538	-.003	.018	.018	-.058	-.007
	CZ_4	.006	.155	-.114	-.076	.031	-.003	.758	.012	-.003	-.022	.023
	GB_1	.029	-.006	.015	.004	-.010	.018	.012	.084	-.092	-.095	-.038
	GB_2	-.003	-.018	.004	.045	.029	.018	-.003	-.092	.336	.104	-.043
	GB_3	-.033	.007	.007	.004	.016	-.058	-.022	-.095	.104	.141	.015
	GB_4	-.006	.045	-.094	-.019	-.027	-.007	.023	-.038	-.043	.015	.134

续表

		YL$_1$	YL$_2$	YL$_3$	CZ$_1$	CZ$_2$	CZ$_3$	CZ$_4$	GB$_1$	GB$_2$	GB$_3$	GB$_4$
Anti-image Correlation	YL$_1$	.770(a)	.056	-.166	.014	.085	-.009	.008	.106	-.006	-.093	-.017
	YL$_2$	.056	.718(a)	-.565	-.009	.134	-.174	.274	-.033	-.047	.028	.190
	YL$_3$	-.166	-.565	.702(a)	-.027	-.071	-.163	-.351	.137	.018	.049	-.684
	CZ$_1$	.014	-.009	-.027	.707(a)	-.175	.062	-.091	.016	.081	.010	-.056
	CZ$_2$	.085	.134	-.071	-.175	.812(a)	-.295	.042	-.041	.059	.049	-.086
	CZ$_3$	-.009	-.174	-.163	.062	-.295	.875(a)	-.004	.083	.043	-.211	-.025
	CZ$_4$	.008	.274	-.351	-.091	.042	-.004	.643(a)	.047	-.006	-.068	.072
	GB$_1$	.106	-.033	.137	.016	-.041	.083	.047	.626(a)	-.551	-.875	-.358
	GB$_2$	-.006	-.047	.018	.081	.059	.043	-.006	-.551	.722(a)	.477	-.203
	GB$_3$	-.093	.028	.049	.010	.049	-.211	-.068	-.875	.477	.556(a)	.108
	GB$_4$	-.017	.190	-.684	-.056	-.086	-.025	.072	-.358	-.203	.108	.792(a)

a Measures of Sampling Adequacy(MSA)

结果显示,11 个指标均可用于分析企业的经营绩效。

表 4 - 4 旋转后因子载荷阵(a)

	Component		
	1	2	3
GB_1	.965		
GB_3	.879		
GB_2	.688	.358	
GB_4	.670	.571	.274
YL_3	.331	.810	.345
YL_2		.763	
YL_1		.595	
CZ_3	.394	.448	.391
CZ_1			.762
CZ_2	.265		.690
CZ_4		.330	.402

Extraction Method: Principal Component Analysis.
Rotation Method: Varimax with Kaiser Normalization.
a   Rotation converged in4   iterations.

　　根据方差旋转后的因子载荷不同,结合指标的实际意义,可以将 11 个指标分为以下三类:第一类:盈利能力指标;第二类:成长能力指标;第三类:股本扩张能力指标。然后再分别对这三类指标做 EFA。

（1）盈利能力

分析过程如下：

表 4 - 5　KMO 和巴特利球体检验结果

Kaiser-Meyer-Olkin Measure of Sampling Adequacy.		.631
Bartlett's Test of Sphericity	Approx. Chi-Square	297.417
	df	3
	Sig.	.000

表 4 - 6　反映像相关矩阵

		YL_1	YL_2	YL_3
Anti-image Covariance	YL_1	.917	.028	-.153
	YL_2	.028	.496	-.337
	YL_3	-.153	-.337	.470
Anti-image Correlation	YL_1	.666(a)	.042	-.234
	YL_2	.042	.521(a)	-.699
	YL_3	-.234	-.699	.519(a)

a　Measures of Sampling Adequacy(MSA)

（2）成长能力

分析过程如下：

表 4 - 6　KMO 和巴特利球体检验结果

Kaiser-Meyer-Olkin Measure of Sampling Adequacy.		.656
Bartlett's Test of Sphericity	Approx. Chi-Square	119.933
	df	6
	Sig.	.000

表 4-7　反映像相关矩阵

		CZ_1	CZ_2	CZ_3	CZ_4
Anti-image Covariance	CZ_1	.936	−.167	.033	−.126
−.027	CZ_2	−.167	.779	−.327	
−.138	CZ_3	.033	−.327	.792	
.939	CZ_4	−.126	−.027	−.138	
Anti-image Correlation	CZ_1	.569(a)	−.195	.039	−.135
−.032	CZ_2	−.195	.543(a)	−.416	
−.160	CZ_3	.039	−.416	.538(a)	
.651(a)	CZ_4	−.135	−.032	−.160	

a　Measures of Sampling Adequacy(MSA)

（3）股本扩张能力

分析过程如下：

表 4-8　KMO 和巴特利球体检验结果

Kaiser-Meyer-Olkin Measure of Sampling Adequacy.		.606
Bartlett's Test of Sphericity	Approx. Chi-Square	1 250.984
	df	6
	Sig.	.000

表 4-9　反映像相关矩阵

		GB_1	GB_2	GB_3	GB_4
Anti-image Covariance	GB_1	.090	−.103	−.105	−.063
	GB_2	−.103	.342	.114	−.112
	GB_3	−.105	.114	.150	.039
	GB_4	−.063	−.112	.039	.415

续表

	GB₁	GB₂	GB₃	GB₄
Anti-image Correlation GB₁	.571(a)	− .584	− .898	− .326
GB₂	− .584	.603(a)	.505	− .297
GB₃	− .898	.505	.507(a)	.157
GB₄	− .326	− .297	.157	.842(a)

a   Measures of Sampling Adequacy(MSA)

对上述三组指标的 EFA 分析结果显示，KMO 检验、Bartlett 球形检验以及 MSA 检验全部通过，说明对样本企业经营绩效评价指标组的设置是合理的（限于篇幅过程略）。

3．验证性因子分析（CFA）

为了检验模型与样本数据的拟合情况，对企业盈利能力、成长能力、股本扩张能力这三个变量及其指标进行验证性因子分析，分析结果如下：

（1）盈利能力：主营业务利润率、净资产收益率、资产报酬率

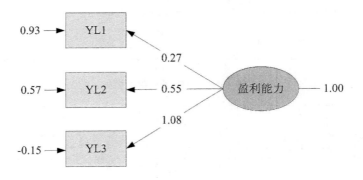

图 4-1　盈利能力的 CFA 分析

对 3 个指标的协方差矩阵的初步分析显示,总体的 Bartlett 球形检验的值为 297.417(df = 0,RMSEA = 0.000),说明"盈利能力"的因子结构能够很好地拟合样本数据。

（2）成长能力:主营业务收入增长率、总资产增长率、净资产增长率、净利润增长率

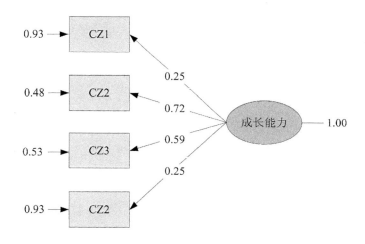

图 4-2　成长能力的 CFA 分析

分析显示,总体的 Bartlett 球形检验的值为 119.933(df = 2,GFI = 0.99,RMSEA = 0.083,CFI = 0.92,NNFI = 0.76),说明"成长能力"的因子结构能够较好地拟合样本数据。

（3）股本扩张能力:每股净资产、每股资本公积、每股未分配利润、每股收益

分析显示,总体的 Bartlett 球形检验的值为 1250.984(df = 2,GFI = 0.86,RMSEA = 0.098,CFI = 0.88,NNFI = 0.64),说明"股本扩张能力"的因子结构能够较好地拟合样本数据。

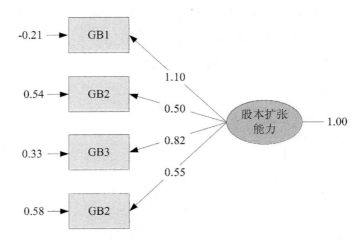

图 4 - 3　股本扩张能力的 CFA 分析

至此,通过对两组样本数据进行 EFA 和 CFA 分析,确定了本研究的企业经营绩效评价指标体系为三类共 11 个指标,同时这三类指标又可以作为 3 个二级变量,全文统一分别用变量 PER_1～PER_{11} 代表上述 11 个绩效评价指标。

4.1.2　企业转型前后经营绩效的对比

对转型前后 8 年的绩效情况进行描述性统计分析,形成直观认识,然后再用 Friedman 和 Wilcoxon 非参数检验,按照转型前后 8 年的年份分组,分析样本企业经营绩效是否有改善,以及具体在盈利能力、成长能力和股本扩张能力等方面是否有改善。

1. 描述性统计分析

通过对样本企业的经营绩效水平进行评价,来分析企业转型前后绩效的变化趋势。具体采用的数据是 11 个绩效指标共 8 年的数据。通过因子分析法,得到 4 组综合得分:一是总体经营绩效评分(包含所有 11 个绩效指标),二是盈利能力评分(包含 3 个盈利能力指标),三是成长能力评分(包含 4 个成长能力指标),四是股本扩张能力评分(包含 4 个股本扩张能力指标)。

先对总体经营绩效进行描述性统计,分析结果如下:

表 4 - 10　样本企业转型前后总体经营绩效的描述性统计

	N	Minimum	Maximum	Median	Mean	Std. Deviation
	样本容量	最小值	最大值	中位数	平均值	标准差
前 3 年	127	－ 0.81	0.43	－ 0.1050	－ 0.0786	0.252044
前 2 年	127	－ 1.10	1.63	－ 0.1350	－ 0.1184	0.413431
前 1 年	127	－ 1.37	1.25	－ 0.1200	－ 0.1271	0.310639
转型开始当年	127	－ 1.43	1.52	－ 0.0900	－ 0.0651	0.383323
转型完成当年	127	－ 0.46	1.28	－ 0.0150	0.0690	0.314782
后 1 年	127	－ 0.69	1.09	－ 0.0450	0.0640	0.331669
后 2 年	127	－ 0.95	2.21	－ 0.0450	0.1263	0.512001
后 3 年	127	－ 2.25	2.70	－ 0.0550	0.1233	0.665521

根据样本企业各年总体绩效的平均值,绘制出转型前后总体经营绩效的变化趋势图:

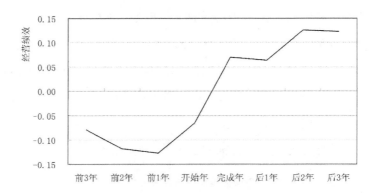

图 4 - 4　样本企业转型前后的总体经营绩效变化趋势

由上图可以很清晰的看到，企业转型后的绩效有明显的上升趋势，尽管在转型后 1 年略有下降，但总体上是不断上升的。

下面进一步对样本企业的盈利能力、成长能力、股本扩张能力进行描述性分析，结果如下。

表 4 - 11　样本企业转型前后盈利能力的描述性统计

	N	Minimum	Maximum	Median	Mean	Std. Deviation
	样本容量	最小值	最大值	中位数	平均值	标准差
前 3 年	127	−2.75	1.86	−0.225 0	−0.167 4	0.715 0 3
前 2 年	127	−2.27	1.96	−0.190 0	−0.153 1	0.696 0 6
前 1 年	127	−2.47	1.65	−0.185 0	−0.190 3	0.731 4 9
转型开始当年	127	−4.79	1.86	−0.110 0	−0.096 1	0.800 24
转型完成当年	127	−1.27	1.73	0.105 0	0.194 6	0.556 22
后 1 年	127	−1.12	2.11	0.080 0	0.186 8	0.582 48
后 2 年	127	−0.90	1.58	−0.015 0	0.092 5	0.571 10
后 3 年	127	−1.65	1.75	−0.110 0	0.041 5	0.642 00

表 4 - 12 样本企业转型前后成长能力的描述性统计

	N	Minimum	Maximum	Median	Mean	Std. Deviation
	样本容量	最小值	最大值	中位数	平均值	标准差
前 3 年	127	-0.49	0.75	-0.090 0	-0.068 6	0.146 57
前 2 年	127	-0.48	0.43	-0.100 0	-0.096 3	0.129 34
前 1 年	127	-1.76	9.22	-0.105 0	0.032 6	1.102 38
转型开始当年	127	-0.62	2.98	-0.085 0	0.046 1	0.473 86
转型完成当年	127	-0.23	4.03	-0.020 0	0.182 3	0.680 43
后 1 年	127	-0.35	1.68	-0.050 0	-0.015 5	0.214 12
后 2 年	127	-0.66	0.71	-0.055 0	-0.049 6	0.165 22
后 3 年	127	-2.37	0.28	-0.065 0	-0.121 9	0.343 34

表 4 - 13 样本企业转型前后股本扩张能力的描述性统计

	N	Minimum	Maximum	Median	Mean	Std. Deviation
	样本容量	最小值	最大值	中位数	平均值	标准差
前 3 年	127	-0.70	0.60	-0.265 0	-0.240 1	0.263 80
前 2 年	127	-0.80	2.76	-0.260 0	-0.186 3	0.429 75
前 1 年	127	-0.84	3.29	-0.165 0	-0.084 9	0.562 21
转型开始当年	127	-0.87	3.14	-0.140 0	-0.029 5	0.584 19
转型完成当年	127	-0.62	2.02	-0.270 0	-0.021 1	0.591 69
后 1 年	127	-0.82	2.04	-0.185 0	0.036 1	0.612 01

	N	Minimum	Maximum	Median	Mean	Std. Deviation
	样本容量	最小值	最大值	中位数	平均值	标准差
后 2 年	127	-1.03	4.30	-0.110 0	0.228 5	0.912 74
后 3 年	127	-1.26	5.25	-0.180 0	0.278 1	1.113 62

由上面三个表中企业盈利能力、成长能力和股本扩张能力综合得分的样本平均值,可以绘制如下折线图,反映转型前后 8 年的企业盈利水平、成长速度和股本扩张能力的变化趋势。

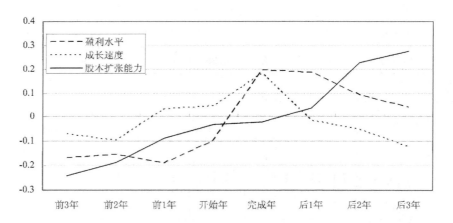

图 4 - 5　转型前后样本企业的盈利水平、成长速度和股本扩张能力的变化趋势

由上图可以看出,企业转型前后的盈利能力和股本扩张能力有明显走高趋势,而成长速度从转型前 3 年开始减慢,到转型前 1 年有所回升,直到转型完成年达到最高点,之后逐渐回落,同时盈利能力也在转型完成年到达最高水平,然后缓慢下降,但下降趋势没有成长速度明显。这说明,中国制造业企业在转型时,相对比较注重短期盈利,实现企业的短期迅速成长,而对成长能力重视不够,从而影响到了后期的持续盈利水平,限制了长期发展。

2.非参数检验

(1)总体经营绩效

由于样本总体分布的相关参数难以确定,因此采用非参数检验方法,进一步深入研究存在转型前后绩效是否存在显著变化。分析结果见表4-14。t_{-3} 代表前 3 年,t_{-2} 代表前 2 年,t_{-1} 代表前 1 年,t_1 代表后 1 年,t_2 代表后 2 年,t_3 代表后 3 年,t_s 代表转型开始年,t_f 代表转型完成年。

由表4-14(见下页)可以看出,转型后样本企业经营绩效显著改善。

下面将进一步对衡量总体经营绩效的三个方面,即盈利能力、成长能力、股本扩张能力分别进行 Friedman 检验和 Wilcoxon 检验,来分别研究析转型前后企业在这三个方面的能力是否有显著改善。

(2)盈利能力

首先对样本在转型前后 8 年的盈利能力综合得分按年分为 8 组,然后进行 Friedman 检验。检验结果见表4-15(见后页)。

(3)成长能力

先对样本在转型前后 8 年的成长能力综合得分按年分为 8 组,然后同样进行 Friedman 检验,检验结果见表4-16(见后页)。

通过对转型前后样本企业在 8 年间成长能力变化的 Wilcoxon 检验结果表明,转型前后企业成长能力有显著改善;但转型完成后,从后 1 年开始,成长能力开始显著恶化,说明企业的持续成长能力较弱。

表4-14　样本企业转型前后经营效绩变化的Wilcoxon符号秩次检验值

	$t_2 \sim t_3$	$t_1 \sim t_3$	$t_s \sim t_3$	$t_f \sim t_3$	$t_1 \sim t_3$	$t_2 \sim t_3$	$t_3 \sim t_3$	$t_1 \sim t_2$	$t_s \sim t_2$	$t_f \sim t_2$
Z值	−2.477	−1.940	−.575	−3.580	−3.231	−3.250	−3.235	−.528	−2.379	−5.005
Asymp. Sig. (2-tailed)	.013	.052	.565	.000	.001	.001	.001	.597	.017	.000

	$t_1 \sim t_2$	$t_2 \sim t_2$	$t_3 \sim t_2$	$t_s \sim t_1$	$t_f \sim t_1$	$t_1 \sim t_1$	$t_2 \sim t_1$	$t_3 \sim t_1$	$t_f \sim t_s$	$t_1 \sim t_s$
Z值	−4.729	−4.283	−3.986	−2.543	−4.588	−4.650	−4.734	−4.257	−3.923	−3.887
Asymp. Sig. (2-tailed)	.000	.000	.000	.011	.000	.000	.000	.000	.000	.000

	$t_2 \sim t_s$	$t_3 \sim t_s$	$t_1 \sim t_f$	$t_2 \sim t_f$	$t_3 \sim t_f$	$t_2 \sim t_1$	$t_3 \sim t_1$	$t_3 \sim t_2$		
Z值	−4.070	−3.814	−.262	−.184	−.838	−.586	−1.487	−1.001		
Asymp. Sig. (2-tailed)	.000	.000	.793	.854	.402	.558	.137	.317		

说明:除了 $t_2 \sim t_3$、$t_1 \sim t_3$、$t_1 \sim t_2$、$t_1 \sim t_f$ 这4组配对样本,是基于"正秩"的原假设(即两两配对中的后者绩效改善)外;其余24组配对样本均基于"负秩"的原假设(即两两配对中的后者绩效恶化)。

表 4－15　样本企业转型前后盈利能力变化的 Wilcoxon 符号秩次检验值

	$t_{-2} \sim t_{-3}$	$t_{-1} \sim t_{-3}$	$t_s \sim t_{-3}$	$t_f \sim t_{-3}$	$t_1 \sim t_{-3}$	$t_2 \sim t_{-3}$	$t_3 \sim t_{-3}$	$t_{-1} \sim t_{-2}$	$t_s \sim t_{-2}$	$t_f \sim t_{-2}$
Z 值	－.182	－.199	－1.283	－3.513	－3.154	－2.094	－1.706	－.924	－1.850	－3.341
Asymp. Sig. (2－tailed)	.856	.842	.200	.000	.002	.036	.088	.355	.064	.001

	$t_1 \sim t_{-2}$	$t_2 \sim t_{-2}$	$t_3 \sim t_{-2}$	$t_s \sim t_{-1}$	$t_f \sim t_{-1}$	$t_1 \sim t_{-1}$	$t_2 \sim t_{-1}$	$t_3 \sim t_{-1}$	$t_f \sim t_s$	$t_1 \sim t_s$
Z 值	－3.067	－2.098	－1.679	－2.436	－3.391	－3.218	－2.341	－1.957	－1.853	－1.948
Asymp. Sig. (2－tailed)	.002	.036	.093	.015	.001	.001	.019	.050	.064	.051

	$t_2 \sim t_s$	$t_3 \sim t_s$	$t_1 \sim t_f$	$t_2 \sim t_f$	$t_3 \sim t_f$	$t_2 \sim t_1$	$t_3 \sim t_1$	$t_3 \sim t_2$
Z 值	－1.090	－.616	－1.911	－3.238	－3.173	－2.555	－2.704	－.909
Asymp. Sig. (2－tailed)	.276	.538	.056	.001	.002	.011	.007	.363

说明:除了 $t_{-2} \sim t_{-3}$、$t_{-1} \sim t_{-3}$、$t_{-1} \sim t_{-2}$、$t_1 \sim t_f$、$t_2 \sim t_f$、$t_3 \sim t_f$、$t_3 \sim t_1$、$t_2 \sim t_1$ 和 $t_3 \sim t_2$ 这 9 组配对样本,是基于"正秩"的原假设(即两两配对中的后者盈利能力改善)外;其余 19 组配对样本均基于"负秩"的原假设(即两两配对中的后者盈利能力恶化)。

对转型前后 8 年的盈利水平的 Wilcoxon 检验结果表明:转型前后企业的盈利能力总体上有显著改善;但转型完成后,从后 2 年开始,盈利能力与完成年和后 1 年相比有显著恶化。

表 4 - 16　样本企业转型前后成长能力变化的 Wilcoxon 符号秩次检验值

	$t_{-2}\sim t_{-3}$	$t_{-1}\sim t_{-3}$	$t_s\sim t_{-3}$	$t_f\sim t_{-3}$	$t_1\sim t_{-3}$	$t_2\sim t_{-3}$	$t_3\sim t_{-3}$	$t_{-1}\sim t_{-2}$	$t_s\sim t_{-2}$	$t_f\sim t_{-2}$
Z 值	-1.310	-.640	-1.450	-3.831	-2.651	-1.917	-.676	-.821	-2.033	-4.275
Asymp. Sig. (2 - tailed)	.190	.522	.147	.000	.008	.055	.499	.412	.042	.000

	$t_1\sim t_{-2}$	$t_2\sim t_{-2}$	$t_3\sim t_{-2}$	$t_s\sim t_{-1}$	$t_f\sim t_{-1}$	$t_1\sim t_{-1}$	$t_2\sim t_{-1}$	$t_3\sim t_{-1}$	$t_f\sim t_s$	$t_1\sim t_s$
Z 值	-3.868	-2.913	-1.609	-2.145	-4.005	-3.009	-2.145	-1.359	-2.034	-.655
Asymp. Sig. (2 - tailed)	.000	.004	.108	.032	.000	.003	.032	.174	.042	.512

	$t_2\sim t_s$	$t_3\sim t_s$	$t_1\sim t_f$	$t_2\sim t_f$	$t_3\sim t_f$	$t_2\sim t_1$	$t_3\sim t_1$	$t_3\sim t_2$		
Z 值	-.329	-.768	-3.086	-3.202	-4.689	-.725	-2.871	-1.786		
Asymp. Sig. (2 - tailed)	.742	.443	.002	.001	.000	.468	.004	.074		

说明:除了 $t_{-2}\sim t_{-3}$、$t_{-1}\sim t_{-3}$、$t_3\sim t_s$、$t_1\sim t_f$、$t_2\sim t_f$、$t_3\sim t_f$、t_1、t_2、$t_3\sim t_1$ 和 $t_3\sim t_2$ 这 9 组配对样本,是基于"正秩"的原假设(即两两配对中的后者成长能力改善)外;其余 19 组配对样本均基于"负秩"的原假设(即两两配对中的后者成长能力恶化)。

表 4 - 17　样本企业转型前后股本扩张能力变化的 Wilcoxon 符号秩次检验值

	$t_2 \sim t_3$	$t_1 \sim t_3$	$t_s \sim t_3$	$t_f \sim t_3$	$t_1 \sim t_3$	$t_2 \sim t_3$	$t_3 \sim t_3$	$t_1 \sim t_2$	$t_s \sim t_2$	$t_f \sim t_2$
Z 值	-1.306	-1.557	-2.265	-2.038	-2.708	-3.689	-3.607	-.975	-1.673	-1.877
Asymp. Sig. (2 - tailed)	.192	.119	.023	.042	.007	.000	.000	.330	.094	.061

	$t_1 \sim t_2$	$t_2 \sim t_2$	$t_3 \sim t_2$	$t_s \sim t_1$	$t_f \sim t_1$	$t_1 \sim t_1$	$t_2 \sim t_1$	$t_3 \sim t_1$	$t_f \sim t_s$	$t_1 \sim t_s$
Z 值	-2.569	-3.480	-3.204	-.198	-1.106	-2.214	-3.062	-2.695	-.296	-1.823
Asymp. Sig. (2 - tailed)	.010	.001	.001	.843	.269	.027	.002	.007	.767	.068

	$t_2 \sim t_s$	$t_3 \sim t_s$	$t_1 \sim t_f$	$t_2 \sim t_f$	$t_3 \sim t_f$	$t_3 \sim t_1$	$t_3 \sim t_1$	$t_3 \sim t_2$		
Z 值	-3.060	-2.756	-3.482	-3.292	-3.684	-2.620	-2.968	-1.316		
Asymp. Sig. (2 - tailed)	.002	.006	.000	.001	.000	.009	.003	.188		

说明：全部 28 组配对样本，均是基于"正秩"的原假设，即两两配对中的前者股本扩张能力改善。

关于转型前后股本扩张能力的 Wilcoxon 检验结果表明，转型前后企业股本扩张能力有显著改善。

（4）股本扩张能力

对样本在转型前后 8 年的股本扩张能力综合得分，分别按不同年份分为 8 组，然后进行相关多样本的 Friedman 检验，检验结果表明：χ^2 值为 38.361，df = 7，P = 0.000＜0.05，可以认为转型样本在转型前后 8 年内，至少有两年之间企业的股本扩张能力存在显著差异。下面将进一步探讨具体年份之间的企业股本扩张能力是否有显著差异。研究方法就是用 Wilcoxon 检验，分别对这 8 组样本进行两两配对检验。检验结果见表 4 - 17（见前页）。

综上可见，企业转型后经营绩效得到了显著改善，主要经营业绩指标如盈利水平、成长能力等均得到明显提高，证明产业转型对企业经营绩效确实有改善作用，但是需要注意的是，部分企业在转型完成后，企业长期成长能力反而出现恶化势头，短期盈利能力也受到影响，这在一定程度上说明我国传统制造企业短期盈利导向的转型比较多，长期成长导向的转型相对较少，很多企业对事关长远发展的核心能力重视不够、投入不足，使得企业转型后仍旧无法建立起核心竞争力优势、实现可持续发展，随着时间推移转型后短期实现的高收益红利很快释放完毕，企业的长期盈利水平趋于下降。由此，产业转型行动完成后，企业仍然必须高度重视自身技术和知识资源的积累和维护。

4.1.3　转型与非转型企业绩效的对比

运用独立双样本的非参数检验方法，对比分析转型企业与非转型企业的经营绩效差异，以及在盈利能力、成长能力和股本扩张能力这三个方面的绩效水平是否存在差异、差异是否显著。

1. 总体经营绩效

根据不同年份、不同样本的绩效得分,可以得到如下图 4-6 所示的转型企业与非转型企业 8 年的平均绩效的变化趋势。

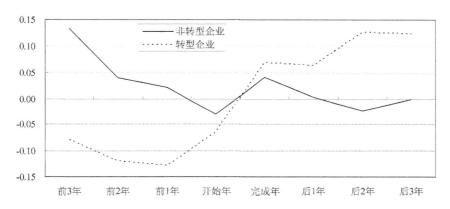

图 4-6 转型企业与非转型企业总体经营绩效的变化趋势

从上图中可以看出,转型企业的绩效总体处于上升趋势,而非转型企业在这 8 年期间,绩效起伏不定,总体上呈现缓慢下降的趋势;并且以转型完成年为分水岭,在此之前,非转型企业的总体绩效优于转型企业,而在此之后,转型企业绩效趋于上升,并超过了非转型企业。说明样本企业在转型前,总体绩效水平与同行业别的企业相比,是相对较差的,但在追求利润最大化的驱动下,有限理性的企业管理者势必会寻找新的出路,产业转型便成了获得新的生机的一种可选战略行为。事实似乎也给出了有力的答案:转型的确能够使企业重获生机。

那么上述的直观判断是否经得起更为严格的检验呢? 进一步研究转型企业及非转型企业样本的总体分布参数,非参数检验方法检验结果如下:

表 4 - 18　曼—惠特尼 U 检验结果 (a)

	前 3 年	前 2 年	前 1 年	开始年	完成年	后 1 年	后 2 年	后 3 年
Mann-Whitney U	3 235.000	3 339.000	3 600.000	4 471.000	4 358.500	4 863.500	4 992.000	5 075.500
Wilcoxon W	6 475.000	6 579.000	6 840.000	7 711.000	7 598.500	8 103.500	13 120.000	8 315.500
Z	-4.397	-4.149	-3.527	-1.451	-1.969	-.516	-.210	-.011
Asymp. Sig. (2 - tailed)	.000	.000	.000	.147	.046	.606	.834	.991

a　Grouping Variable: 是否转型

表 4 - 19　双样本柯尔莫哥洛夫—斯米洛夫 Z 检验结果 (a)

		前 3 年	前 2 年	前 1 年	开始年	完成年	后 1 年	后 2 年	后 3 年
Most Extreme	Absolute	.311	.326	.290	.150	.234	.142	.154	.186
Differences	Positive	.008	.030	.024	.030	.082	.129	.144	.126
	Negative	-.311	-.326	-.290	-.150	-.234	-.142	-.154	-.186
Kolmogoro-Smirnov Z		2.182	2.282	2.029	1.050	1.640	.998	1.079	1.300
Asymp. Sig. (2 - tailed)		.000	.000	.001	.221	.009	.272	.195	.068

a　Grouping Variable: 是否转型

综合两种检验结果可以发现：转型完成前，转型样本企业的经营绩效总体低于同行业未转型企业；转型完成当年，转型样本企业的绩效状况明显高于未转型企业；但转型完成后的 3 年左右时间内，转型样本企业的经营绩效状况与未转型企业没有明显差别。这一结论表明：一是转型企业与非转型企业的样本具有不同的经营绩效水平；二是产业转型对企业经营绩效具有显著影响，使得相关企业的经营绩效实现了改善提升；三是在转型前样本企业的经营绩效水平水平劣于同行业其他非转型企业，在转型完成当年企业的经营绩效出现了明显好转，但转型完成之后，随着时间推移，转型企业与未转型企业经营绩效没有明显差别，可见在转型行为完成后的短期内经营绩效是有明显改善的，但长远来看，企业的经营绩效水平会受到很多其他因素的影响，转型企业与非转型企业的经营绩效可能趋于同化。因此对于企业来说，如何将产业转型带来的短期迅速发展，演变为长期持续成长，将权宜之计变为长久之计，是事关企业不断克服产业衰退，延长生命周期的关键问题。

2. 盈利能力

计算各年的样本盈利能力综合评价得分，然后根据不同年份的不同样本的得分，来分析转型企业与非转型企业 8 年的平均盈利能力的变化趋势。如图 4－7 所示（见下页）。

图示可以看出，转型企业的盈利能力在转型前后 8 年的时间里，总体呈现上升趋势，而非转型企业在这 8 年期间，盈利水平总体上变化不大；值得注意的是，转型开始后，转型企业的盈利水平进入一个快速上升的阶段，但在转型完成之后，盈利水平趋于停滞，甚至在后 1 年之后出现了缓慢下降的趋势，从另一个侧面反映了产业转型

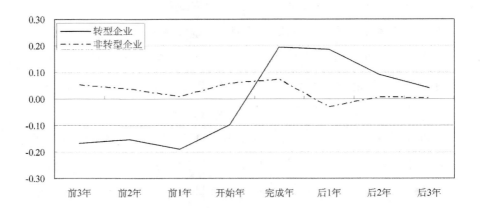

图4-7 转型企业与非转型企业盈利能力的变化趋势

带来了短期经营绩效的改善,但并不意味着企业盈利能力的持续增强。

下面,通过 Mann-Whitney U 检验和 Kolmogorov-Smirnov Z 检验进一步研究转型与非转型企业在这8年期间的盈利能力的变化趋势,看两者是否存在显著差异。检验结果如表4-20、表4-21所示(见下页)。

根据两种检验结果,在转型前3年的时间里,转型企业与非转型企业盈利水平存在着显著的差异,转型企业的盈利水平普遍低于行业中其它非转型企业;在转型完成的当年,转型企业的盈利水平有显著提高,并且比非转型企业要好;但转型结束后较长时间内转型企业与非转型企业经营绩效没有显著差异。这说明:转型完成后,企业的盈利水平与非转型企业的盈利绩效水平之间并无显著差异,表明伴随着新产业带来的短期高收益水平趋于下降时,转型进入的新企业的盈利水平也将回归正常。

表 4 - 20　曼—惠特尼 U 检验结果（a）

	前 3 年	前 2 年	前 1 年	开始年	完成年	后 1 年	后 2 年	后 3 年
Mann－Whitney U	4 188.500	4 101.000	4 141.500	4 568.000	4 687.500	4 735.500	5 038.000	4 566.000
Wilcoxon W	7 428.500	7 341.000	7 381.500	7 808.000	12 815.500	12 863.500	8 278.000	7 806.000
Z	－ 2.124	－ 2.333	－ 2.236	－ 1.220	－ .935	－ .821	－ .100	－ 1.225
Asymp. Sig. (2 - tailed)	.034	.020	.025	.222	.350	.412	.920	.221

a　Grouping Variable: 是否转型

表 4 - 21　双样本柯尔莫哥洛夫—斯米洛夫 Z 检验结果（a）

		前 3 年	前 2 年	前 1 年	开始年	完成年	后 1 年	后 2 年	后 3 年
Most Extreme Differences	Absolute	.205	.203	.180	.127	.231	.187	.220	.264
	Positive	.001	.017	.020	.023	.231	.187	.220	.212
	Negative	－ .205	－ .203	－ .180	－ .127	－ .144	－ .146	－ .169	－ .264
Kolmogorov-Smirnov Z		1.435	1.420	1.258	.892	1.615	1.307	1.540	1.848
Asymp. Sig. (2 - tailed)		.033	.035	.085	.404	.011	.066	.017	.002

a　Grouping Variable: 是否转型

3. 成长能力

运用因子分析法对所有转型与非转型样本企业的成长能力进行综合评分,可以得到图 4-8 所示的两组独立样本在转型前后 8 年的成长能力的变化趋势。可以看出,以转型完成年为分界点,转型企业的成长能力先上升后下降,并且下降趋势非常明显;非转型企业在这 8 年期间,成长能力总体上变化不大,呈现缓步下降的趋势;转型开始后,转型企业的成长速度突飞猛进,并一举超越了非转型企业,但在转型完成之后,成长能力明显下降,甚至在后 3 年之后再次落后于非转型企业。这或许就是在定位产业转型方向时,"重盈利,轻成长"的决策导向所埋下的持续成长动力不足的隐患。

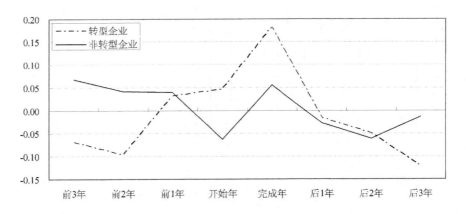

图 4-8　转型企业与非转型企业成长能力的变化趋势

下面,对转型样本企业与非转型对照样本的成长能力,进行 Mann-Whitney U 检验和 Kolmogorov-Smirnov Z 检验,结果如下:

表 4 - 22　曼—惠特尼 U 检验结果 (a)

	前 3 年	前 2 年	前 1 年	开始年	完成年	后 1 年	后 2 年	后 3 年
Mann-Whitney U	3 108.500	3 097.500	3 033.000	3 939.000	4 417.500	3 747.500	3 617.000	3 019.000
Wilcoxon W	6 348.500	6 337.500	6 273.000	7 179.000	7 657.500	6 987.500	6 857.000	6 259.000
Z	- 4.702	- 4.727	- 4.880	- 2.721	- 1.579	- 3.178	- 3.488	- 4.917
Asymp. Sig. (2 - tailed)	.000	.000	.000	.007	.114	.001	.000	.000

a　Grouping Variable: 是否转型

表 4 - 23　双样本柯尔莫哥洛夫—斯米洛夫 Z 检验结果 (a)

		前 3 年	前 2 年	前 1 年	开始年	完成年	后 1 年	后 2 年	后 3 年
Most Extreme Differences	Absolute	.336	.342	.409	.309	.175	.317	.329	.380
	Positive	.016	.039	.024	.078	.074	.077	.059	.023
	Negative	- .336	- .342	- .409	- .309	- .175	- .317	- .329	- .380
Kolmogorov-Smirnov Z		2.353	2.396	2.863	2.162	1.225	2.224	2.308	2.665
Asymp. Sig. (2 - tailed)		.000	.000	.000	.000	.100	.000	.000	.000

a　Grouping Variable: 是否转型

根据上述两种检验分析,我们可以认为,转型企业与非转型企业在转型前后的 7 年时间中的成长能力存在着显著的差异,在转型过程中,转型企业的成长速度快于非转型企业,而转型结束后的较长时间内,转型企业成长速度慢于非转型企业。说明转型后企业的成长能力得到了改善,并且比非转型企业要好;但从一个长期过程来看,转型企业的成长能力再次落后于非转型企业,表明产业转型与实现企业持续成长之间还有很长的路要走。

4. 股本扩张能力

首先,依据样本企业与对照企业8年的股本扩张能力的综合得分,可以绘制出图4-9,显示了转型企业与非转型企业8年间股本扩张能力的变化趋势。可以看出,转型企业的股本扩张能力随着时间的推移呈现上升趋势,尤其是转型完成后,转型企业的股本扩张能力迅速膨胀,并超过了非转型企业,说明产业转型这一战略行为,会给投资者带来利好消息,使得企业受到资本市场的追捧,从而使企业自身的股本扩张欲望得到释放。

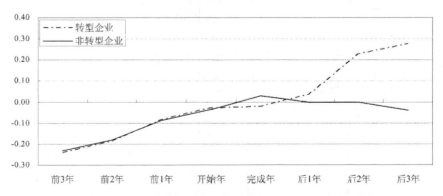

图 4-9 转型企业与非转型企业股本扩张能力的变化趋势

接着,进一步研究转型企业与非转型企业在这 8 年期间的股本扩张能力的变化趋势,检验结果如下:

表 4 - 24　曼—惠特尼 U 检验结果（a）

	前 3 年	前 2 年	前 1 年	开始年	完成年	后 1 年	后 2 年	后 3 年
Mann-Whitney U	4 962.000	4 976.500	4 960.000	5 072.500	3 993.000	4 343.000	5 004.000	5 069.500
Wilcoxon W	13 090.000	8 216.500	8 200.000	8 312.500	7 233.000	7 583.000	8 244.000	8 309.500
Z	- .281	- .247	- .286	- .018	- 2.590	- 1.756	- .181	- .025
Asymp. Sig. (2 - tailed)	.779	.805	.775	.986	.010	.079	.856	.980

a　Grouping Variable: 是否转型

表 4 - 25　双样本柯尔莫哥洛夫—斯米洛夫 Z 检验结果（a）

		前 3 年	前 2 年	前 1 年	开始年	完成年	后 1 年	后 2 年	后 3 年
Most Extreme	Absolute	.108	.142	.098	.075	.323	.281	.247	.213
Differences	Positive	.108	.142	.073	.066	.058	.088	.131	.147
	Negative	- .052	- .097	- .098	- .075	- .323	- .281	- .247	- .213
Kolmogorov-Smirnov Z		.756	.996	.689	.523	2.263	1.968	1.728	1.494
Asymp. Sig. (2 - tailed)		.616	.274	.730	.947	.000	.001	.005	.023

a　Grouping Variable: 是否转型

综合上述 2 种检验结果,可以认为,在转型完成后,转型企业与非转型企业的股本扩张能力存在显著差异,转型企业的股本扩张能力显著优于非转型企业。说明:在资本市场上,产业转型作为上市企业的重大战略变革行为,能够使转型企业受到投资者的青睐,为企业股本扩张能力提供强大的资金支撑。

综上,相对于跨部门转型前,样本制造业企业在转型后的盈利水平和成长能力都得到了显著提高,因此跨部门转型的确能够帮助企业增强市场竞争能力、提升市场竞争地位,进而带动行业转型升级;相对于未进行跨部门转型的对照企业,样本制造业企业在转型后短期盈利水平和成长能力都得到了提高,但值得注意的是随着时间推移,样本制造业企业的成长速度有所放缓、甚至低于未进行跨部门转型的企业,说明企业的长期成长主要取决于自身核心能力、而非所处产业环境。

4.1.4 转型行为模式与绩效的关联分析

上节研究结论表明,产业转型确能改善公司经营绩效。本节将运用非参数检验的方法,来分别研究不同的转型时机、方向、跨度、途径、程度和速度与经营绩效的改善是否有显著关系,从而为下面研究转型行为对经营绩效总体影响作用的模型构建提供理论假设的基础。

一、转型时机选择与绩效的关系

不同的转型时机选择与经营绩效的改善之间是否有显著性关系呢?运用描述性统计分析与非参数检验相结合的方法进行分析。

1. 描述性统计分析

依据不同的转型时机,可以将转型样本企业分为前瞻转型样本和危机转型样本两类。其中40.94%的企业为前瞻转型;59.06%的企业是危机转型,而危机转型中,盈利危机与成长危机分别占样本总数的17.32%和14.18%,盈利与成长双重危机的企业占27.56%(见表2-14)。按照不同的转型时机,对样本进行分类并研究经营绩效变化趋势。图4-10表示了转型前后前瞻转型样本和危机转型样本的绩效变化趋势。

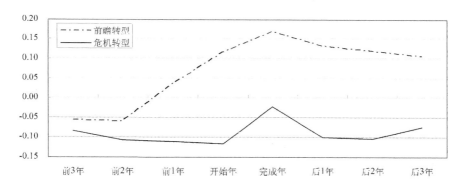

图4-10　前瞻转型样本和危机转型样本企业经营绩效的变化趋势

从上图可以看出,无论在转型前、转型中还是转型后,前瞻转型样本企业的经营绩效总体上都要好于危机转型的样本;无论是前瞻转型还是危机转型,完成年的绩效都达到最优;但是危机转型在转型完成年到后1年期间,经营绩效的下滑趋势快于前瞻转型,并且转型后3年的绩效与前3年相比,绩效水平基本持平,而前瞻转型的企业尽管在转型完成后,绩效也出现缓慢下降的趋势,但总体上要高于转型前的经营绩效。

下面,再对危机转型中的三种不同危机样本企业,进行转型前后绩效变化趋势的对比分析。如下图所示。

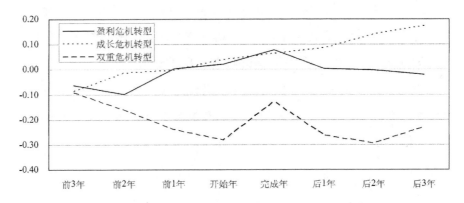

图 4 - 11　三种不同危机转型样本企业经营绩效的变化趋势

从上图可以看出,三类危机转型样本中,双重危机样本的绩效最差;在转型完成之前,盈利危机样本与成长危机样本的绩效水平接近,但在转型完成之后,成长危机样本的绩效保持上升势头,而盈利危机样本的绩效水平出现回落。说明在产业转型战略对处于成长危机中的企业绩效改善作用最为明显。

2. 非参数检验

为进一步研究不同转型时机样本企业的总体分布参数,下面将用非参数检验的方法,首先对前瞻转型和危机转型这 2 类样本企业转型前后 8 年的经营绩效进行对比,分析在转型前后两者经营绩效是否存在显著差异。检验结果如表 4 - 26、4 - 27 所示(见下页)。

根据上述两种检验结果,转型后的一个相对较短的时期内,前瞻转型和危机转型企业的经营绩效存在显著差异,但在转型前后的相对较长的时期内(如转型前的 2 到 3 年,以及转型后的 2 到 3 年),前瞻转型样本和危机转型样本的经营绩效没有显著差异。我们可以从三个方面对上述结论作出解释:一是说明我们的样本区分是有效的;二

表 4 - 26 曼—惠特尼 U 检验结果(a)

	前 3 年	前 2 年	前 1 年	开始年	完成年	后 1 年	后 2 年	后 3 年
Mann-Whitney U	1 844.000	1 636.500	1 288.500	1 108.000	1 152.500	1 237.000	1 479.500	1 597.500
Wilcoxon W	4 694.000	4 486.500	4 138.500	3 958.000	4 002.500	4 087.000	4 329.500	4 447.500
Z	- .520	- 1.538	- 3.244	- 4.129	- 3.911	- 3.496	- 2.307	- 1.729
Asymp. Sig. (2 - tailed)	.603	.124	.001	.000	.000	.000	.021	.084

a Grouping Variable: 转型时机

表 4 - 27 双样本柯尔莫哥洛夫—斯米洛夫 Z 检验结果(a)

		前 3 年	前 2 年	前 1 年	开始年	完成年	后 1 年	后 2 年	后 3 年
Most Extreme Differences	Absolute	.132	.218	.339	.394	.406	.276	.189	.186
	Positive	.132	.218	.339	.394	.406	.276	.189	.186
	Negative	- .092	- .091	- .027	- .027	.000	.000	- .027	- .042
Kolmogorov-Smirnov Z		.733	1.209	1.881	2.185	2.251	1.530	1.046	1.030
Asymp. Sig. (2 - tailed)		.656	.107	.002	.000	.000	.018	.224	.239

a Grouping Variable: 转型时机

是转型时机的选择,对于转型后的经营绩效有着重大影响,前瞻转型的绩效显著优于危机转型;三是转型前和转型结束后较长时间内,前瞻转型与危机转型企业的经营绩效没有显著差异,说明转型完成后,企业的绩效是受许多因素综合作用的结果。

下面对三种危机转型样本,即:盈利危机、成长危机和盈利与成长双重危机,这 8 年的经营绩效的变化趋势进行非参数检验,看彼此之间的绩效是否有显著差异。由于 3 种危机样本属于独立多样本,因此先采用 Kruskal-Wallis 检验(克鲁斯尔 - 奥利斯 H 检验),进行 3 类样本的独立多样本检验。检验结果如表 4 - 28 所示(见下页)。

经验结果表明,前 1 年到后 3 年的 6 年期间,检验统计量的双侧渐进概率均小于 0.05,3 组样本企业中至少有 2 组在这 6 年中经营绩效之间是有显著性差异的。因此,进一步对 3 组样本,进行两两配对做 Mann-Whitney U 独立双样本检验(曼 - 惠特尼 U 检验),盈利危机与成长危机的配对检验结果如表 4 - 29 所示(见下页)。

检验结果显示,只有在转型完成的后 3 年,盈利危机样本企业与成长危机样本企业的绩效,具有显著差异。

下面是对盈利危机和双重危机的配对检验,结果如表 4 - 30 所示(见后页)。

结果表明:在转型前 2 年、前 1 年、开始年、完成年、后 1 年和后 2 年期间,盈利危机样本与双重危机样本的绩效,具有显著差异。

最后对成长危机与双重危机进行配对检验,结果如表 4 - 31 所示(见后页)。

检验结果表明,在转型前 1 年、开始年、完成年、后 1 年、后 2 年和后 3 年期间,成长危机样本与双重危机样本的绩效,具有显著差异。

表 4 - 28 克鲁斯尔—奥利斯 H 检验结果 (a, b)

	前 3 年	前 2 年	前 1 年	开始年	完成年	后 1 年	后 2 年	后 3 年
Chi-Square	.766	2.394	6.953	9.911	8.329	8.431	9.610	11.416
df	2	2	2	2	2	2	2	2
Asymp. Sig.	.682	.302	.031	.007	.016	.015	.008	.003

a Kruskal Wallis Test
b Grouping Variable: 转型时机

表 4 - 29 曼—惠特尼 U 检验结果 (b)(对盈利危机和成长危机进行比较)

	前 3 年	前 2 年	前 1 年	开始年	完成年	后 1 年	后 2 年	后 3 年
Mann-Whitney U	179.500	177.500	189.000	176.000	189.500	160.500	148.500	124.500
Wilcoxon W	350.500	430.500	360.000	429.000	442.500	413.500	401.500	377.500
Z	- .503	- .558	- .245	- .598	- .231	- 1.020	- 1.346	- 1.999
Asymp. Sig. (2 - tailed)	.615	.577	.807	.550	.817	.308	.178	.046
Exact Sig. [2 * (1 - tailed Sig.)]	.619(a)	.581(a)	.819(a)	.563(a)	.819(a)	.312(a)	.180(a)	.045(a)

a Not corrected for ties.
b Grouping Variable: 转型时机

表 4-30 曼—惠特尼 U 检验结果(a)(对盈利危机和双重危机进行比较)

	前 3 年	前 2 年	前 1 年	开始年	完成年	后 1 年	后 2 年	后 3 年
Mann-Whitney U	332.500	330.000	244.000	231.500	234.000	263.000	250.000	277.500
Wilcoxon W	962.500	960.000	874.000	861.500	864.000	893.000	880.000	907.500
Z	-.861	-.902	-2.312	-2.517	-2.476	-2.001	-2.214	-1.763
Asymp. Sig. (2-tailed)	.389	.367	.021	.012	.013	.045	.027	.078

a Grouping Variable: 转型时机

表 4-31 曼—惠特尼 U 检验结果(a)(对成长危机和双重危机进行比较)

	前 3 年	前 2 年	前 1 年	开始年	完成年	后 1 年	后 2 年	后 3 年
Mann-Whitney U	299.000	235.000	208.500	175.000	194.500	176.000	173.000	148.000
Wilcoxon W	929.000	865.000	838.500	805.000	824.500	806.000	803.000	778.000
Z	-.301	-1.504	-2.001	-2.630	-2.265	-2.612	-2.668	-3.138
Asymp. Sig. (2-tailed)	.764	.133	.045	.009	.024	.009	.008	.002

a Grouping Variable: 转型时机

综合这三类样本的两两检验比较结果,可以发现,在转型前后大部分时期内(除后3年的7年当中),盈利危机样本与成长危机样本的绩效没有显著差异,说明两者之间有很强的内在关联;而在转型前后大部分时期内(除前3年与后3年两年),盈利危机样本与双重危机样本的绩效存在显著差异,盈利危机样本的绩效显著优于双重危机;在转型前后大部分时期内(除前3年与前2年两年),成长危机样本与双重危机样本的绩效存在显著差异,成长危机样本的绩效显著优于双重危机样本的绩效。说明当企业面临盈利和成长双重危机时,其绩效水平比仅面临一种危机(盈利危机或者成长危机)的样本企业,要明显低得多。因此处于双重危机的企业最需要通过产业转型来改善绩效。

综上所述,转型时机对企业经营绩效是有显著影响的,在转型前后的一个相对较短的时期内(从转型前1年到转型后1—2年),前瞻转型样本和危机转型样本的经营绩效有着显著差异,前瞻转型的企业绩效显著优于危机转型;而危机转型中,又以盈利成长双重危机的企业绩效最差。

二、转型方向选择与绩效的关系

面对转型,转型方向是选择以盈利为导向还是以成长为导向,亦或是成长与盈利并重的综合导向?为什么超过半数(50.39%)的样本企业在转型方向的选择时会以盈利为导向,37.01%以成长为导向,仅有12.6%的企业选择了综合导向(见表2—16)?不同转型方向的选择,会有不同的绩效改善情况么?下面将得到揭示。

1. 描述性统计分析

根据转型样本的经营绩效综合得分,分析不同转型方向类型的企

业经营绩效在转型前后 8 年的变化趋势（由于综合导向的样本偏少，
为了保证研究准确性，不对其做深入分析）。如下图 4 - 12 所示。

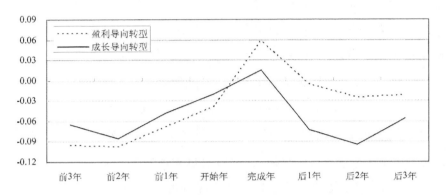

图 4 - 12　盈利导向与成长导向转型样本企业经营绩效的变化趋势

　　从图中可以看出，两类样本企业在转型期间都有一个绩效改善的
过程，并且都在完成年达到绩效的最优点，随后都进入了一个缓慢下
降的过程；在完成年之前，盈利导向的样本企业绩效比成长导向的绩
效差，但是在转型开始到转型完成期间，盈利导向的绩效增势明显快
于成长导向，并且转型完成以后，盈利导向的样本企业绩效优于成长
导向的样本企业，而在转型完成后 2 年，成长导向的样本企业绩效的
增长速度又明显快于盈利导向。这说明，以盈利为导向的企业，经营
绩效改善见效快，但缺乏后劲。

　　2. 非参数检验

　　为进一步验证不同转型方向的选择，彼此的绩效是否有显著差
异，本研究采用独立双样本检验方法中的 Mann-Whitney U 检验和
Kolmogorov-Smirnov Z 检验，对盈利导向转型和成长导向转型这 2
类样本企业在转型前后 8 年的经营绩效进行对比。检验结果如下：

表 4 - 32　曼—惠特尼 U 检验结果 (a)

	前 3 年	前 2 年	前 1 年	开始年	完成年	后 1 年	后 2 年	后 3 年
Mann-Whitney U	1 350.000	1 391.500	1 292.000	1 350.500	1 384.500	1 479.000	1 495.500	1 475.500
Wilcoxon W	3 430.000	3 471.500	3 372.000	3 430.500	2 512.500	2 607.000	2 623.500	2 603.500
Z	-.919	-.672	-1.266	-.916	-.713	-.149	-.051	-.170
Asymp. Sig. (2 - tailed)	.358	.502	.206	.359	.476	.881	.960	.865

a　Grouping Variable: 转型方向

表 4 - 33　双样本柯尔莫哥洛夫—斯米洛夫 Z 检验结果 (a)

		前 3 年	前 2 年	前 1 年	开始年	完成年	后 1 年	后 2 年	后 3 年
Most Extreme Differences	Absolute	.174	.133	.144	.175	.165	.117	.088	.104
	Positive	.174	.133	.144	.175	.067	.117	.063	.078
	Negative	-.057	-.057	-.033	-.072	-.165	-.112	-.088	-.104
Kolmogorov-Smirnov Z		.903	.691	.749	.912	.858	.607	.460	.542
Asymp. Sig. (2 - tailed)		.388	.727	.628	.376	.453	.854	.984	.931

a　Grouping Variable: 转型方向

Mann-Whitney U 检验的结果显示,在转型前后 8 年期间,统计量的双侧渐进概率 P,均大于 0.05,可以认为在这 8 年内,盈利导向的样本企业与成长导向的样本企业没有显著差异。Kolmogorov-Smirnov Z 检验也得到相同的结论。

因此,综合上述两种独立双样本检验的结果,可以得出结论:在转型前后 8 年期间,盈利导向与成长导向的转型样本企业在绩效方面没有显著差异,即两者的变化趋势接近,都是在转型期间逐渐上升,在完成年绩效达到最高点,随后缓慢下降。这一结论说明,样本企业在选择转型方向时,无论是基于哪种导向,都与转型后的经营绩效并无直接显著的关系。但是并不能说明,转型方向可以随便选择,因为,不同目标方向的导向,会影响到转型的跨度等其他方面,从而对经营绩效有一定的间接影响作用。

三、转型跨度选择与绩效的关系

转型跨度的大小用来衡量转型进入的新产业与原产业之间的关联性高低,前面的实证数据表明,中国制造业企业中转型的企业大多都为非相关转型,比重为 87.4%,而相关转型的样本只占总样本的 12.6%(见表 2 - 17)。那么,多数企业表现出来的转型跨度行为特征,是否就是合理的呢?难道转型跨度越大越好么?带着这样的疑问,进入下面的分析。

1. 描述性统计分析

首先,根据转型跨度是相关还是非相关转型,将转型样本划分为两类,对其转型前后 8 年的经营绩效变化趋势做一个直观分析。如图 4 - 13 所示:

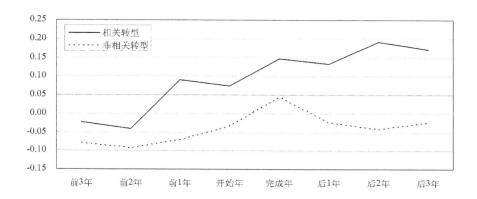

图 4 - 13　相关转型样本企业与非相关转型样本企业经营绩效的变化趋势

由图可见,相关转型样本企业的总体绩效水平高于非相关转型样本企业,同时相关转型样本企业的经营绩效整体处于不断上升的趋势,而非相关转型样本企业的绩效以完成年为界,完成年之前绩效缓慢上升,完成年之后绩效缓慢下降。

下面再分别针对相关转型样本企业中的强相关转型(占总样本的9.45%)以及非相关转型样本中的基本不相关转型(51.97%)和完全不相关转型(35.43%),进行转型前后 8 年绩效变化趋势的分析(由于弱相关转型样本容量较小,仅占总样本的 3.15%,为保证研究准确性,不对其做详细分析)。如图 4 - 14、4 - 15 所示(见下页)。

图 4 - 14 显示了强相关转型与弱相关转型在转型前后的绩效变化趋势。可以看出,强相关转型的样本企业处于一个稳定上升的通道,特别是在转型开始后,有一个快速上升的阶段。

从图 4 - 15 可以看出,基本不相关转型企业比完全不相关转型企业的绩效水平要高;此外,在转型开始年之前,完全不相关转型样本企业的绩效基本处于下降趋势;两类非相关转型样本企业都是在转型完

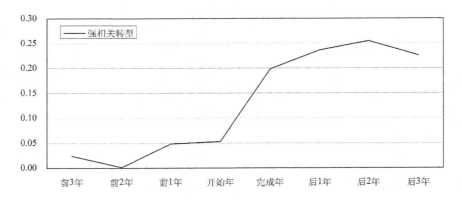

图4-14　强相关转型样本企业的经营绩效的变化趋势

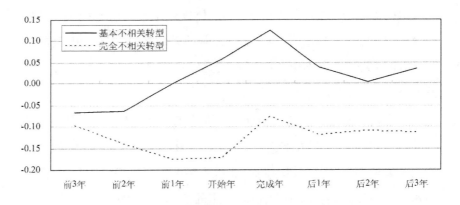

图4-15　两类非相关转型样本企业经营绩效的变化趋势

成年达到绩效最高水平,在完成年之后都有一个缓慢下降的过程,但基本不相关的样本企业在转型完成后2年,绩效有所回升。

2. 非参数检验

首先对相关转型和非相关转型这2类独立样本企业在转型前后8年的经营绩效进行对比,看两者是否存在显著差异。检验结果如下(表4-34、表4-35)。

表 4-34　曼—惠特尼 U 检验结果（a）

	前 3 年	前 2 年	前 1 年	开始年	完成年	后 1 年	后 2 年	后 3 年
Mann-Whitney U	735.000	691.000	678.500	768.500	729.000	573.000	562.500	607.000
Wilcoxon W	6 951.000	6 907.000	6 894.500	6 984.500	6 945.000	6 789.000	6 778.500	6 823.000
Z	-1.112	-1.432	-1.522	-.868	-1.155	-2.289	-2.365	-2.042
Asymp. Sig. (2 - tailed)	.266	.152	.128	.385	.248	.022	.018	.041

a　Grouping Variable: 转型跨度

表 4-35　双样本柯尔莫哥洛夫—斯米洛夫 Z 检验结果（a）

		前 3 年	前 2 年	前 1 年	开始年	完成年	后 1 年	后 2 年	后 3 年
Most Extreme Differences	Absolute	.211	.202	.227	.190	.186	.399	.364	.309
	Positive	.211	.202	.227	.190	.186	.399	.364	.309
	Negative	-.052	-.036	-.053	-.103	-.035	-.035	-.036	-.045
Kolmogorov-Smirnov Z		.787	.754	.851	.712	.697	1.493	1.360	1.156
Asymp. Sig. (2 - tailed)		.565	.621	.464	.692	.716	.023	.049	.138

a　Grouping Variable: 转型跨度

根据上述 2 种检验结果，可以认为，相关转型企业的经营绩效，要显著优势非相关转型企业。

下面对两类非相关转型，即基本不相关转型样本和完全不相关转型样本的绩效差异进行独立双样本检验。检验结果如表 4-36、表 4-37 所示（见下页）。

综合上面 2 种检验结果，可以得出如下结论：在转型前 1 年到后 1 年期间，基本不相关转型企业与完全不相关转型企业的经营绩效差异显著，并且基本不相关转型的样本企业在绩效方面显著优于完全不相关转型的样本企业。

综上可见，转型跨度大小与转型后的企业经营绩效的变化显著相关，相关转型的样本企业在绩效方面显著优于非相关转型的样本企业；同时非相关转型中，基本不相关转型的样本企业在绩效方面又显著优于完全不相关转型的样本企业。由此可见，众多制造业企业转型跨度呈现的以"非相关转型"为主的特征表现，会由于转型跨度过大，导致转型风险的增加，降低转型成功率。

四、转型途径选择与绩效的关系

按照进入新的产业领域所需的技术知识资源是否来源于公司内部，将转型途径分为两类：内生性转型与外生性转型。转型样本中，采用最多的转型方式是外生型转型，占样本总量的 89.76%（见表2-18）；其中又以股权转让的方式最多，占 32.28%，其次是收购兼并（29.92%），再次是资产置换（27.56%）；而通过企业内部发展的只有 10.24%。那么外生转型受到如此多的企业青睐，是说明外生转型比内生转型的方式好呢？还是反映了转型的企业普遍缺乏转型所需的能力与资源，而不得不依靠外力来实现转型的

表 4 - 36 曼—惠特尼 U 检验结果(a)

	前 3 年	前 2 年	前 1 年	开始年	完成年	后 1 年	后 2 年	后 3 年
Mann-Whitney U	1 289.000	1 198.500	1 068.500	997.000	969.000	1 106.000	1 200.500	1 246.500
Wilcoxon W	2 324.000	2 233.500	2 103.500	2 032.000	2 004.000	2 141.000	2 235.500	2 281.500
Z	-1.178	-1.721	-2.502	-2.932	-3.100	-2.277	-1.709	-1.433
Asymp. Sig. (2 - tailed)	.239	.085	.012	.003	.002	.023	.087	.152

a Grouping Variable: 转型跨度

表 4 - 37 双样本柯尔莫哥洛夫—斯米洛夫 Z 检验结果(a)

		前 3 年	前 2 年	前 1 年	开始年	完成年	后 1 年	后 2 年	后 3 年
Most Extreme Differences	Absolute	.145	.256	.328	.299	.319	.304	.289	.304
	Positive	.038	.061	.000	.000	.000	.015	.039	.055
	Negative	- .145	- .256	- .328	- .299	- .319	- .304	- .289	- .304
Kolmogorov-Smirnov Z		.752	1.322	1.698	1.547	1.651	1.573	1.494	1.573
Asymp. Sig. (2 - tailed)		.623	.061	.006	.017	.009	.014	.023	.014

a Grouping Variable: 转型跨度

被动状态呢？转型途径的选择与经营绩效的改善是否存在显著关系？

1. 描述性统计分析

首先，按照转型途径是内生还是外生转型，将转型样本分为两类，分别对比两者在转型前后 8 年经营绩效的变化趋势，如图 4－16 所示：

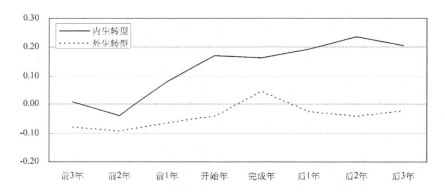

图 4－16　内生转型样本企业与外生转型样本企业经营绩效的变化趋势

从图 4－16 可以看出，总体上采用内生转型途径的样本企业绩效优于外生转型的样本企业；并且内生转型的样本绩效总体处于缓慢上升趋势之中，而外生转型的样本绩效以转型完成年为分水岭，在转型过程期间绩效总体缓慢上升，在完成年之后又逐渐下降。

下面，我们再来对比一下三种不同的外生转型途径，即股权转让、收购兼并以及资产置换之间的样本企业绩效变化的趋势，如图 4－17 所示（见下页）。

可以看出，三种外生转型途径的样本绩效基本都以转型完成年为分水岭，总体上通过收购兼并进行转型的样本企业绩效优于另外

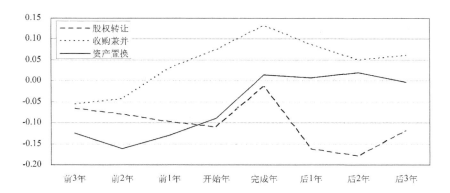

图 4 - 17　三种外生转型途径的样本企业经营绩效的变化趋势

两种外生转型途径的样本企业；通过资产置换进行转型的样本绩效
总体处于缓慢上升趋势之中；通过股权转让进行产业转型的样本
绩效最差。这也说明了一个现实，由于通过股权转让的公司大多
都是壳资源，控股权异主，所以在转型完成年当年的绩效得到明显
提高，但是长期来看，要想将一个壳资源经营得好，不是短时期就
能完成。

2．非参数检验

首先，比对分析内生转型和外生转型这 2 类样本企业在转型前后
8 年的经营绩效，看两者是否存在显著差异。检验方法选用独立双样
本检验方法中的 Mann-Whitney U 检验和 Kolmogorov-Smirnov Z
检验。检验结果如表 4 - 38、表 4 - 39 所示（见下页）。

综合这 2 种独立双样本检验结果，可以得出结论：在转型过程中
（从转型开始年到后 1 年和后 2 年），内生转型样本和外生转型样本的
经营绩效有着显著差异，并且采用内生转型途径的企业绩效要优于采
用外生转型途径的企业。

表 4 - 38　曼—惠特尼 U 检验结果(a)

	前 3 年	前 2 年	前 1 年	开始年	完成年	后 1 年	后 2 年	后 3 年
Mann-Whitney U	525.000	587.000	541.500	484.000	537.000	436.500	419.500	499.500
Wilcoxon W	7 080.000	7 142.000	7 096.500	7 039.000	7 092.000	6 991.500	6 974.500	7 054.500
Z	-1.718	-1.225	-1.587	-2.044	-1.623	-2.422	-2.558	-1.921
Asymp. Sig. (2 - tailed)	.086	.220	.112	.041	.105	.015	.011	.055

a　Grouping Variable: 转型途径

表 4 - 39　双样本柯尔莫哥洛夫—斯米洛夫 Z 检验结果(a)

		前 3 年	前 2 年	前 1 年	开始年	完成年	后 1 年	后 2 年	后 3 年
Most Extreme Differences	Absolute	.315	.329	.291	.398	.333	.497	.515	.438
	Positive	.315	.329	.291	.398	.333	.497	.515	.438
	Negative	-.037	-.046	-.044	-.035	-.079	-.132	-.114	-.096
Kolmogorov-Smirnov Z		1.076	1.123	.996	1.360	1.136	1.699	1.759	1.496
Asymp. Sig. (2 - tailed)		.197	.161	.275	.049	.151	.006	.004	.023

a　Grouping Variable: 转型途径

下面进一步对三种采用外生转型途径,即股权转让、收购兼并和资产置换的样本企业的经营绩效,进行独立多样本 Kruskal-Wallis 检验,来分析这 3 种外生转型途径的样本企业绩效是否存在显著性差异。检验结果如下:

表 4 - 40　克鲁斯尔一奥利斯 H 检验结果(a,b)

	前 3 年	前 2 年	前 1 年	开始年	完成年	后 1 年	后 2 年	后 3 年
Chi-Square	.806	2.925	3.617	1.823	3.451	3.468	2.625	1.287
df	2	2	2	2	2	2	2	2
Asymp. Sig.	.668	.232	.164	.402	.178	.177	.269	.525

　　a　Kruskal Wallis Test
　　b　Grouping Variable:转型途径

Kruskal-Wallis 检验结果显示,在转型前后 8 年期间,检验统计量的双侧渐进概率均大于 0.05,说明在这 8 年中 3 组样本企业的经营绩效之间都不存在显著差异。这说明,具体采用何种外生转型途径对企业经营绩效的影响作用并不显著。

综上可见,转型途径的选择与经营绩效显著相关,在转型过程中,选择内生转型途径的企业绩效显著优于外生转型的企业,而对于具体采取何种外生转型途径,与经营绩效没有显著关系。这说明,中国众多制造业上市企业多采用外生转型的途径,反映了样本企业普遍缺乏转型所需的能力与资源,而不得不依靠外力来实现转型的尴尬现状。因此,如何提升企业自身的能力资源水平,是企业变被动为主动必须要解决的问题。

五、转型程度选择与绩效的关系

第二章实证分析表明,转型程度为高度转型和完全转型的样本占比高达70%(见表2-19)。显示多数企业转型后新主业成为绝对主营业务,原主业退出比较彻底。那么在转型的整个战略实施过程中,如何安排新主业与原主业的结构才比较合理呢? 下面将进行探讨。

1. 描述性统计分析

依据对转型程度的四种分类,根据样本企业的综合绩效得分,分别对比四者在转型前后8年的经营绩效的变化趋势,如图4-18所示:

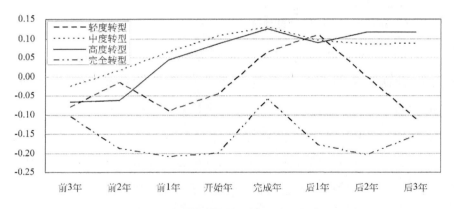

图4-18 不同转型程度样本企业经营绩效的变化趋势

从上图中可以看出,完全转型和轻度转型的样本企业绩效,总体上低于中度和高度转型样本;中度转型和高度转型样本企业的绩效变化趋势比较相近,转型完成后的绩效水平总体高于转型前;而完全转型在转型完成年绩效有一个显著提升,但随后又迅速下跌。

　　2. 非参数检验

　　由于轻度转型的样本较少，为不影响结果的准确性及稳定性，下面主要针对中度转型、高度转型和完全转型这 3 种转型程度，先采用 Kruskal-Wallis 检验，对这 3 种转型程度的样本进行独立多样本检验。检验结果如表 4 - 41 所示（见下页）。

　　检验结果表明，前 2 年到后 3 年的 7 年期间，检验统计量的双侧渐进概率均小于 0.05，说明在这 7 年中 3 组样本企业（中度转型、高度转型和完全转型）中至少有 2 组经营绩效之间是有显著性差异的。

　　下面再进一步对 3 组样本，两两配对进行 Mann-Whitney U 检验。首先来看中度转型与高度转型的配对，检验结果如表 4 - 42 所示（见下页）。

　　检验结果显示，转型前后 8 年时间内，中度转型样本企业与高度转型样本企业的绩效没有显著差异。

　　接着再对中度转型和完全转型的样本企业进行配对检验，结果如表 4 - 43 所示（见后页）。

　　检验结果显示，在转型前 2 年、前 1 年、开始年、完成年和后 1 年期间，中度转型样本与完全转型样本的绩效，具有显著差异。

　　最后对高度转型和完全转型的样本进行配对检验，结果如表 4 - 44 所示（见后页）。

　　综合这三类样本的两两配对检验结果，可以发现，产业转型程度的高低与企业绩效的改善与否是有显著关系的，转型前后完全转型企业的绩效显著低于中、高度转型企业；而中度转型样本企业与高度转型样本企业的绩效没有显著差异，说明两者之间有很强的内在关联。

表 4 - 41　克鲁斯尔—奥利斯 H 检验结果（a,b）

	前 3 年	前 2 年	前 1 年	开始年	完成年	后 1 年	后 2 年	后 3 年
Chi-Square	2.170	7.779	12.862	17.266	8.990	9.155	6.929	6.943
df	2	2	2	2	2	2	2	2
Asymp. Sig.	.338	.020	.002	.000	.011	.010	.031	.031

a　Kruskal Wallis Test

b　Grouping Variable: 转型程度

表 4 - 42　曼—惠特尼 U 检验结果（a）（对中度转型和高度转型进行比较）

	前 3 年	前 2 年	前 1 年	开始年	完成年	后 1 年	后 2 年	后 3 年
Mann-Whitney U	617.500	549.500	591.500	546.500	651.500	638.500	600.000	573.500
Wilcoxon W	1 652.500	1 584.500	1 626.500	1 581.500	1 686.500	1 073.500	1 035.000	1 008.500
Z	- .388	- 1.141	- .676	- 1.174	- .011	- .155	- .581	- .875
Asymp. Sig. (2 - tailed)	.698	.254	.499	.240	.991	.877	.561	.382

a　Grouping Variable: 转型程度

表 4－43　曼－惠特尼 U 检验结果（a）（对中度转型和完全转型进行比较）

	前 3 年	前 2 年	前 1 年	开始年	完成年	后 1 年	后 2 年	后 3 年
Mann-Whitney U	537.000	421.000	384.000	318.500	434.000	466.000	542.000	549.000
Wilcoxon W	1 618.000	1 502.000	1 465.000	1 399.500	1 515.000	1 547.000	1 623.000	1 630.000
Z	-1.415	-2.677	-3.080	-3.793	-2.535	-2.187	-1.360	-1.284
Asymp. Sig. (2 - tailed)	.157	.007	.002	.000	.011	.029	.174	.199

a　Grouping Variable: 转型程度

表 4－44　曼－惠特尼 U 检验结果（a）（对高度转型和完全转型进行比较）

	前 3 年	前 2 年	前 1 年	开始年	完成年	后 1 年	后 2 年	后 3 年
Mann-Whitney U	904.000	808.000	663.000	642.500	713.000	677.000	693.000	698.000
Wilcoxon W	1 985.000	1 889.000	1 744.000	1 723.500	1 794.000	1 758.000	1 774.000	1 779.000
Z	-1.040	-1.803	-2.954	-3.116	-2.557	-2.842	-2.716	-2.676
Asymp. Sig. (2 - tailed)	.298	.071	.003	.002	.011	.004	.007	.007

a　Grouping Variable: 转型程度

因此,从上述结论可以认为,中国制造业企业的产业转型程度普遍偏高,也就是新旧产业经营重心的改变过于激烈,这与多数上市企业采取外生转型的方式有很大关系。事实上,当在新产业中能够稳定获利,并且原产业又无太多盈利空间时,再全面进入新产业,彻底退出原产业,可以较大程度上降低转型后的经营风险,提高转型成功率。

六、转型速度选择与绩效的关系

按照转型后企业进入新产业的速度和退出原产业的速度,将转型分为两类:渐进性转型、突变性转型。样本企业中,47.24%选择了渐进转型,52.76%选择了突变转型(见表2-21)。总体上突变转型的略多于渐进转型的样本。那么突变与渐进,孰优孰劣?下面自有论断。

1. 描述性统计分析

根据两种不同转型速度的样本企业分类,对其绩效分别进行综合评价,从而得到如下图所示的转型前后8年的渐进转型样本与突变转型样本企业绩效的变化趋势。

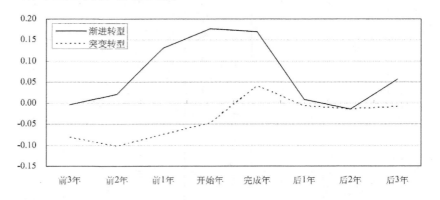

图4-19 渐进转型样本与突变转型样本企业经营绩效的变化趋势

可以看出,总体上渐进转型样本的绩效优于突变转型样本;但渐进转型样本在转型完成后的绩效总体上不如转型前,突变转型样本在转型完成后的绩效总体上比转型前略好。

2. 非参数检验

非参数检验的目的是为了在描述性统计分析的基础上,进一步研究不同转型速度的样本企业在转型前后绩效变化是否有显著差异。检验方法选用独立双样本检验方法中的 Mann-Whitney U 检验。结果如表 4 - 45 所示(表见下页)。

由此可见,转型速度的选择与经营绩效之间是有显著关系的,并且在转型前以及转型期间,渐进转型的企业绩效显著优于突变型企业的绩效。这说明中国制造业上市企业在转型的过程中,转型的速度稍稍显快,对企业经营绩效的改善会带来一定的负面影响。

4.2　以智能化赋能传统制造业转型升级

以智能化为标志的新一轮工业革命方兴未艾。江苏是制造业大省,也是传统制造业大省,传统制造业占比接近 70%,正处于增速换档、结构调整阵痛的关键时期,面对日益复杂的国际经济形势,江苏迫切需要全面实施制造强省、网络强省战略,以"智能 + "赋能传统制造业转型升级,推动江苏制造迈向全球产业链、价值链中高端,实现制造业高质量发展。

4.2.1　以智能化赋能传统制造业的迫切意义

"智能 + "赋能传统制造业转型升级,就是应用新一代信息技术对

表 4 - 45　曼—惠特尼 U 检验结果（a）

	前 3 年	前 2 年	前 1 年	开始年	完成年	后 1 年	后 2 年	后 3 年
Mann-Whitney U	1 577.500	1 302.000	1 362.000	1 189.500	1 575.500	1 774.000	2 008.500	1 970.500
Wilcoxon W	3 855.500	3 580.000	3 640.000	3 467.500	3 853.500	4 052.000	3 838.500	4 248.500
Z	- 2.089	- 3.420	- 3.130	- 3.963	- 2.099	- 1.140	- .007	- .191
Asymp. Sig. (2 - tailed)	.037	.001	.002	.000	.036	.254	.994	.849

a　Grouping Variable: 转型速度

传统制造企业进行智能化改造,促进供应链、产业链智能化协同融合,坚持需求导向,推动传统工业化思维向新的互联网思维,重构先进制造体系,提升传统制造业有效供给能力。以"智能+"赋能传统制造业转型升级,是江苏制造业整体竞争力提升的重要路径,紧迫性主要体现在以下四个方面:

一是促进新旧动能续接转换、推动江苏制造业转型升级、高质量发展的必然选择。改革开放四十多年来,江苏制造业发展成绩斐然,但也存在近忧与远虑:传统产业和中低端产品占比高,行业平均利润率低于战略性新兴产业重点行业平均利润率,拉低了制造业的整体质效。传统能源汽车行业近年来遭遇全行业性危机,产销量大幅下降。化工行业接连发生环保、安全重特大事故,重新规划发展布局迫在眉睫。积极推进智能制造改造升级,改造生产装备、升级制造技术、创新制造模式、优化生产流程,逐步加快江苏制造转型升级、高质量发展。一方面,智能制造作为全新生产方式,通过应用智能制造装备的技术,改造提升传统制造业的生产、运营和管理过程,带来生产方式、管理模式和商业模式的创新,逐步实现产出增加、成本降低、品质改善的效果,最终推动产业转型升级、高质量发展。另一方面,智能制造作为新兴产业,是产业转型升级的革命性"增量",智能制造的体量越大,以"鼎新"带动"革故"的能量越大,不仅有利于推动传统制造业转型升级,而且还能够带动智能装备、工业机器人、工业软件等新兴产业的快速增长和发展壮大,形成新的发展动能。

二是扭转部分传统企业转型升级危机、提升江苏制造核心竞争力的关键所在。在新的发展浪潮中企业探索转型升级路径迫在眉睫。

调研发现,尽管企业转型升级的意愿十分强烈,但不少企业没有方向,也不找不到突破口,转型升级步伐缓慢而艰难。在这种背景下,通过实施智能化改造,开发利用网络化、数字化、智能化技术向自动化、数字化、网络化和云端化迈进,是传统制造业转型升级、形成新的利润增长点、打造新竞争优势的有效路径。

三是全面实施绿色低碳循环制造、推进江苏可持续发展的现实要求。从当前情况看,江苏产业发展正面临资源供给日益紧张、生态环境承载压力不断加大的严峻形势。对传统制造业而言,资源能力等方面的供给紧张状况、安全环保等方面的巨大压力,逐步传导到企业成本之中,传统制造业绿色化改造升级步伐将加快。在国家环保督察持续加码的压力下,以"智能+"赋能节能环保领域是必然选择。通过智能转型升级,实现清洁、高效、低碳、循环等目标,有利于重塑传统制造业竞争新优势,推进江苏制造业可持续发展。

四是在更高层次上参与全球制造业竞争合作、打造江苏制造业新优势的重要途径。当前,受世界经济衰退、新冠肺炎疫情等因素影响,全球经济结构正在深刻变化,以美国为首的发达国家纷纷实施再工业化战略,积极运用新一代信息技术和先进制造技术进行制造业的改造升级,以延缓或弥补制造环节外流导致的经济空心化;与此同时,东南亚、南美等新兴经济体发展加快,积极参与国际分工合作,利用劳动力成本低廉、资源要素供给充沛、商务成本竞争优势明显等有利条件,加速吸引制造业中低端环节流入,我国相关制造环节首当其冲受到影响,已经出现了一定程度上的产业外流现象。从产业升级的角度,中低端环节逐步转移是好事,但如果转移的速度过快也会对我国的产业安全、发展稳定性和就业产生不利影响。

大力发展智能制造,是我省有效应对国际产业竞争的有效途径,智能制造带来一系列生产经营模式的创新变革,能够进一步优化资源要素配置效率,提高我省制造业产出;同时智能制造的加快应用,将直接带动高档数控机床、工业机器人、工业软件等相关新兴产业的爆发式增长,并推动工业互联网、电子商务、协同研发等现代生产性服务业的快速发展。

4.2.2　以智能化赋能传统制造业的实践历程

第一阶段:两化融合基础阶段(2010 - 2014 年)。江苏于 2010 年就启动实施企业两化融合工作,2011 年开始部署企业两化深度融合"135 行动计划"和"百千万工程",2012 年实施两化深度融合"百千万"工程,2013 年实施装备智能化、电子商务、生产过程智能化、供应链管理等示范企业分类培育,其中,生产过程智能化示范企业已经是智能车间的雏形。直到 2014 年,国家工信部才启动开展两化融合贯标试点,从管理层面引导企业推进信息化系统建设。这一阶段的两化融会工作主要是引导制造企业加深对两化融合的认识和理解,建立省市县三级联动工作机制。

第二阶段:智能制造阶段(2015 - 2018 年)。2015 年,国务院制订出台中国制造 2025。江苏省在全国率先开展了智能示范车间创建,得到国务院李克强总理的批示肯定并在全国工信系统推广。同时,江苏依托中国电信建设工业云平台,推动企业上云。2016 年,实施制造装备升级计划和互联网化提升计划,从硬件、软件两个层面推进智能制造,在制造装备智能化升级的基础上,推动企业关键环节信息化系统互联互通。2018 年开始,实施智能制造示范工厂建设三年行动计划,并大力培育智能制造示范区,智能车间、智能工厂、智能制造示范区三位一体的智能制造培育体系初步建立。

第三阶段:工业互联网阶段(2018 年至今)。2017 年底,国务院制订出台深化"互联网＋先进制造业"发展工业互联网的指导意见,全面推动大企业建云、中小企业上云工作。江苏省制订出台"十三五"智能制造发展规划,开始实现"企业上云"3 年行动计划。2018 年开始,进一步加快发展工业互联网。以两化融合、智能制造为基础,江苏智能制造进入集成融合的工业互联网发展阶段。

4.2.3 以智能化赋能传统制造业的主要成效

一是行业企业积极拥抱智能制造。全省八大传统行业及十大新兴产业持续推动制造数字化、网络化、智能化发展,根据行业特色和企业需求建设智能车间和智能工厂。南钢、徐工、中天科技等行业龙头企业在全面深化智能技术应用的同时转型为智能制造服务商,远景能源、常州天正、常州万邦等代表性企业积极拓展新业态、新模式。工信部先后在康缘药业、五洋纺机和中远川崎召开行业性全国智能制造现场交流会,推动重点领域智能化改造。

二是各地积极推动智能制造落地。积极开展试点示范,南京、常州、南通、泰州、镇江、宿迁等地组织认定了市级示范智能车间或智能工厂超过 500 家。组织开展诊断咨询,苏州每年为不少于 300 家企业开展免费诊断,扬州对全市工业开票销售总量前 1000 家企业开展询访,南通、连云港、泰州等地邀请专业机构和专家为企业咨询诊断。全省相继成立了 10 多家市(区)级联盟或协会,搭建面向智能制造的公共服务平台,为智能制造的落实出谋划策。

三是智能制造装备发展取得积极成果。大力开展重大专项攻关，在工业机器人、高档数控机床、智能成套生产线、专用检测装备等领域实施了 100 多个攻关项目。首台套重大装备研制与应用取得初步成果，累计认定首台套装备及关键部件 1076 个，59 个项目中标国家工业强基项目。工业强基及"一条龙"推广应用进展较大，8 个项目中标2018 年国家工业强基项目，18 家企业、20 个项目被评为工信部工业强基工程"一条龙"应用计划示范企业和示范项目。

四是智能制造生态体系加快建立。大力培育智能制造系统解决方案供应商，认定省首批 274 家星级上云企业，培育 42 个省重点工业互联网平台，建立了包含 212 家单位的第一批工业互联网服务资源池，累计上云企业超过 22 万家。徐工信息汉云平台、苏州紫光云引擎平台分别被遴选为国家首批重点支持培育的 8 家双跨平台之一和 4家区域平台之一。智能生态体系共建取得积极进展，与阿里云公司联手实施"133"工程，与华为技术启动实施工业互联网创新发展"365"工程，初步形成各方参与、协同推进的产业发展生态。

五是"智能＋"赋能制造业成效初现。通过大力推进智能化改造，全省企业两化融合水平得到提高，到 2018 年底，全省企业两化融合发展水平突破 60 分，居全国前列。据不完全统计，省级智能示范车间建成后，产品合格率达到 97%左右，综合生产成本和单位能耗平均分别降低 22%左右和 10%左右。

4.2.4　以智能化赋能传统制造业的突出问题

虽然江苏"智能＋"赋能传统制造业取得了一定成效，调研中我们也发现，"智能＋"赋能传统制造业仍存在一些亟待解决的突出问题。

（一）从发展阶段看，智能制造总体尚处于初级阶段。一是企业数字化水平依然偏低。近几年，我省重点创建了一批省级示范智能车间，并在此基础上试点建设示范智能工厂。但与德国、日本等智能制造发达国家相比，整体仍处于起步和初级阶段。调研发现，一些企业信息化工作基础薄弱，严重妨碍智能车间建设进程。2018年，全省设备的数字化率为53%（高于全国平均水平46.4%），关键生产工序数控化率52.1%（高于全国平均水平48.7%）。尽管数字化率和数控化率高于全国平均水平，但还是有不少企业急需补"数字化"的课。二是企业发展基础参差不齐。调研中发现，电子、汽车、钢铁等信息化融合应用基础较好的行业，应用智能制造进行改造提升的积极性相对较高，但总体上食品、服装等传统行业企业对推进智能制造的发展路径仍不够清晰。有些企业仅仅通过引进工业机器人、高端数控机床等，简单进行机器换人。三是不少企业的信息化网络化改造相对滞后，由于生产装备、车间等信息化、网络化改造程度不高，缺乏专业的信息服务支撑，不少企业的生产经营大数据还未能实现实时采集和有效运用，甚至部分企业还未安装传感和物联网设备，也没有安装收集和成熟相关数据的工业控制软件，企业的生产过程、设备状态、产品质量、物流仓储等重要信息还未能及时跟踪和应用。

（二）从产业体系看，智能制造引领带动作用不够明显。一是缺乏具有综合优势的龙头企业。我省在制造业领域和信息化领域均有一批在全国具有较强竞争力的大企业，但缺乏具备工业技术和信息技术双重竞争力的优势企业，缺乏在智能化生产、系统解决方法方案、生态体系等方面具备综合能力的企业主体，智能制造产业链整合能力相对薄弱，跨行业和垂直领域上的生态构建任重道远。究其原因，主要是目前制造企业与信息企业的深度合作严重不够，合作内容、方式、程度等均不能适应智能制造改造应用的巨大需求；特别是在高端制造领域，作为合作方的信息企业往往还不能满足技术门槛要求，不能实现行业或企业的个性化需求，整体水平有待提升。二是缺乏产业链的有效整合。目前智能制造领域有不少企业单项能力非常突出，但尚未形成对整个产业链的有力带动，产业聚集发展的程度相对角度，真正的"链主"企业尚未出现、上下游有效配套欠缺，全产业链协同联动发展的潜力还没有充分释放。三是缺乏实力强的集成服务商。调研中，连云港杜钟氨纶公司反映，企业通过开展智能制造相关改造实现转型升级的需求十分迫切，但相关的智能制造服务机构还很缺乏，有些智能制造服务机构不能根据企业实际需要展开"点对点"服务，服务水平总体还停留在相对较低水平，个性化、针对性均不足，不仅影响了智能制造改造升级项目的实施效果，甚至在一定程度上影响了企业进行智能化改造的积极性。经过多年发展，我省已涌现出汇川技术、埃斯顿、亚威股份等一批有一定影响的智能制造系统解决方案供应商。但相对于需求增长，集成服务商发展严重滞后，现有本土服务商大多规模偏小、实力偏弱，对上游的装备、软件等供应商议价空间较小，且企业"轻资产"属性明显，从金融机构取得融资资质难度较大，影响了供应商企业承接订单、发展壮大。

（三）从要素供给看，智能制造保障支撑能力不足。一是关键核心技术供给不足。无锡透平叶片有限公司反映，在智能化改造中国产智能装备、控制软件和系统软件供给能力不强，智能制造的核心装备、基础零部件、高端工业软件与世界先进水平相比还有较大差距。目前,我省制造业总体仍处于转型升级的关键时期,电气化、自动化、信息化、智能化等发展阶段并存。支撑高端智能装备发展的核心技术特别是智能控制技术、智能化嵌入式软件等还主要依赖国外进口。IBM、SAP、西门子等跨国公司占据了操作系统、工业设计软件、工业控制软件等市场主导地位。二是工业互联网平台发展仍显滞后。江苏在打造企业级工业互联网平台方面提前布局,徐工汉云、紫光云引擎等快速成长。但总体上尚处于起步期,不少平台目前仅接入企业生产销售的设备,设备接入量少,上下游企业间集成互联协同整体水平还不高,依托工业互联网平台、推动制造领域大中小企业融通发展的作用尚有待充分发挥;另外,平台企业自身数据集成、工业软件开发等能力还严重不足,远不能满足市场需求。三是高技能人才供应不足。江苏鑫华半导体材料科技公司反映,智能化生产对复合型人才有着更高需求,既要熟悉机电一体化、精益制造等知识,又要熟悉通讯互联、智能分析等信息化技术。总体上讲,智能制造虽可以起到减员效果,但对人的要求更高,提高了系统性、复合性方面的能力需求。当前,高校制造类专业呈现萎缩态势,尤其在集成电路、人工智能等关键前沿领域,创新资源分散、科研与产业"两张皮"现象严重。在智能制造人才培养中,企业作为主体,缺乏对技能人才培训的统筹规划和资源投入,主体作用发挥不充分,导致面向重点行业、领域的高级技师和一线工程师比较缺乏。

(四)从市场应用看,智能制造生态环境有待优化。一是中小企业还存在观望情绪。由于智能制造设备和技术总体还没有非常成熟,应用模式还有不尽完善之处,对中小企业来说应用成本也偏高、产出激励还不够明显,导致中小企业智能制造改造的积极性还不够高。对中小企业而言，主要是设备改造投入较大、回报需要较长时间；相比而言，企业更加愿意将有限预算用于对仓储物流等环节进行简单改造，以期在较短时间内能够看到回报，而不愿意对设备和车间进行较大投入的改造，更不愿意对工业互联网等短期看不到回报的环节进行投入改造。二是标准体系总体仍不够健全。制造业门类极其繁杂，标准体系极其繁多，不同行业领域企业、不同类型设备之间的通信接口各不相同，实现互相信息交互和采集难度非常大，导致了不同行业之间、同一行业的不同企业之间、甚至同一企业内部的不同车间或不同生产设备之间，难以实现互联互通，从根本上制约了智能制造改造实施。三是数据安全管理亟待加强。调研中，企业普遍反映，对"企业上云"等数据的安全性存有隐忧，工业网络安全性的压力与日俱增，工业控制系统的安全风险亟待引起高度重视。目前，国家层面已经开始重视这一领域的安全问题，但立法规划和技术保障还没有及时跟上，主要还是依靠企业自身的重视来维系。四是政策的协同度还不够。江苏传统制造业门类较为齐全，产业链比较完备，"智能+"赋能不同行业、不同工作环境、不同标准下的工作和服务，呈现需求多样化的特点。尽管相关政府管理部门已经出台了一系列扶持政策，但总体看比较零散、缺乏系统性，难以形成协同发展的整体效果。调研发现，不少地方都在积极布局智能制造项目、抢占未来制造业制高点，但地区之间协同配合、错位竞争做得很不够，不少地方还在"一窝蜂"争先上项目，地区与行业发展的不均衡、不协调现象较为突出。

4.3　从跨部门转型到智能化升级的嬗变逻辑与机理

随着制造业各行业之间的技术通用性不断提高,产业边界不断模糊,产业融合逐渐成为趋势,由于信息技术的作用、相关产业的交界处往往成为创新最活跃的地方,新产品新业态层出不穷;在新的形势下,企业往往选择通过数字化、网络化以至于智能化改造的方式,而不是跨部门转型来实现企业升级,这也从整体产业层面有所表现,即跨部门转型逐步成为少量的危机转型、被动转型的方式,而智能制造逐渐成为传统制造业转型的主攻方向。

4.3.1　传统制造业转型升级的经验规律

从江苏传统制造业转型升级的历程看,可以归纳出如下几条产业发展规律:一是从产业结构看,产业发展必然经历从产业链、价值链中低端向中高端攀升的过程;二是从增长方式看,产业发展经历了从"有"到"优"的转变过程,从主要依靠物质要素投入的粗放发展转到主要依靠科技创新的高质量发展上来;三是从生产形态看,数字化、网络化、智能化、个性化正成为趋势,制造业企业从单一的生产型正转变成生产服务型,盈利模式发生了根本变化。在信息技术革命兴起之前,传统制造业各行业之间的技术通用性不高,每个行业都有独特的知识和能力,产业边界比较清晰,企业从落后产业向先进产业进行跨部门转型,本身就是产业的跃迁和升级。本研究认为,就其在传统制造业转型升级中的作用和定位,跨部门转型实质是企业的跨产业部门跃迁、智能化升级实质是智能技术等与传统制造业的融合,跨部门转型是外延拓展、智能化升级是内涵提升,跨部门转型是企业的现实应对、智能化提升是企业的未来抉择。

4.3.2　"互联网＋"推动传统制造业转型升级

进入发展新常态,经济要在增速降档中实现质量效益提升,根本的是要通过优化经济结构、强化创新驱动来实现。近年来,互联网应用不断从生活消费领域向生产要素领域拓展,与传统制造业的结合不断加强。

"互联网＋"推动产业转型主要体现在三个方面:一是互联网技术使得原有的产业技术路线、生产经营模式发生改变,使得制造业原有产业边界变得模糊、难以清晰划分,而新业态新模式加快在产业边界处不断涌现,并逐渐发展壮大成为新增长点,这些新增长点往往难以定义为哪个行业领域,甚至难以定义为制造业或服务业。二是伴随着互联网等新一代信息技术与制造技术融合发展,企业原有的研发模式、生产方式、管理流程等都随之发生了一系列变革,价值链呈现出智能化重构的新趋势,制造业的投入产出比和附加值水平都有所提高。三是伴随新一代信息技术的加快兴起,以及众包、众筹等模式的创新应用,互联网平台整合传统制造业产业链和价值链的能力不断增强,有力促进了技术和资源的协同应用。

4.3.3　从"互联网＋"到"智能＋"的迭代升级

"智能＋"逐渐成为"互联网＋"的重大迭代升级,并赋予传统制造业转型升级新的内涵:即应用人工智能、智能传感、5G、大数据、云计算等新一代信息技术,对传统制造企业进行全流程智能化改造,促进供应链、产业链智能化协同融合,提升传统制造业有效供给能力,重构先进制造体系。从 2019 年上半年中美贸易战深度影响的行业来看,电子、机械行业对美出口下降了 70%,这也恰恰是我省优势传统产业。以"智能 +"赋能传统制造业转型升级,是推动江苏制造业高质量发展的迫切需要,是促进新旧动能续接转换的必然选择,也是提升江苏制造核心竞争力的现实需求。通过实施"智能 +",运用智能化等最新技术,提升企业设计、生产、管理、服务等各个环节的水平,能够有效破解当前江苏制造大而不强的困境,提高制造业全要素生产率,重塑传统制造业竞争新优势。同时,江苏智能制造已经从过去小范围试点示范为主,逐渐转向大规模应用推广,迫切需要加快系统谋划和整体推进,加快构建智能制造产业生态体系。未来的智能制造发展,将在以下几个方面实现新的突破:

一是坚持政府引导和企业主导相结合。近年来,在各级政府大力推动下,"智能 +"应用逐步渗透到多个领域,消费端个性化、定制化需求日益丰富,并向生产端延伸。过去"强政府"的作用有力促进了产业发展。随着产业转型升级持续深入,企业转型升级的自主需求将被不断激发,企业迫切需要借助"智能 +"提升效率、降低成本、科学管理、应对危机。因此,"智能 +"赋能阶段将更多需要把企业自主转型升级的发展需求转化为智能制造发展的强大动力。

二是坚持供给端改造和需求端倒逼相结合。经过多年发展,我国消费端数字化水平全球领先,而供给端的数字化、网络化水平较低,智能化发展才刚刚起步。"智能 +"赋能传统制造业,智能制造的加快应用推广,将有力推动传统制造业改造升级,实现转型升级和高质量发展。从智能车间到智能工厂,从改善产品质量到拓展智能产品和服务,从产业链上下游协同到开放生态的平台运营,"智能＋"将赋能制造业供给侧全流程体系的构建。

　　三是坚持试点示范和全面提升相结合。在生产供给领域,智能制造起初是从部分行业、部分企业的部分环节进行试点示范,自动化、数字化、网络化改造取得一定效果,一批智能车间、智能工厂成为示范企业。随着智能化转型的加快,不仅是示范企业,各类龙头骨干企业、中小微企业、制造业创新中心、工业互联网(云)平台、智能制造系统解决方案供应商以及其他中介服务机构,将参与智能制造生态体系的构建,智能制造将形成整体联动发展的态势及趋势。

第五章　以智能制造推动传统制造业转型升级高质量发展

主动顺应全球智能技术发展趋势,积极落实国家智能制造发展战略,紧扣全省传统制造业转型升级的内在需求,坚持新发展理念,提高传统制造业设计、制造、管理和服务的水平,推动生产方式向数字化、网络化、智能化方向转型升级,着力塑造江苏制造竞争新优势,为我省制造业高质量发展增添新动能。

5.1　推进智能制造基本路径

重点围绕冶金、纺织、化工、建材、轻工、机械、医药、电子等传统优势行业,找准行业应用难点痛点,构建智能技术创新体系,发挥工业互联网平台企业聚变效应,营造智能产业发展生态,着力培育智能制造产业集群、做长做强智能制造产业链,积极赋能研发设计、现场生产、全程管理、检验检测等薄弱环节,推动传统制造业向数字化、柔性化、智能化方向升级。围绕这一思路,当前和今后一个时期要在以下几个方面重点发力。

5.1.1 突破关键核心技术

坚持技术攻关,着力构建自主可控的智能制造技术创新体系。一是坚持科技自立,加快突破一批关键核心技术和基础零部件。鼓励支持装备制造企业加大研发投入,研制具有自主感知、决策、适应、执行等功能的高端数控机床、工业机器人、先进物流仓储系统等智能装备,并不断加大在重点行业领域的推广应用力度。以传统制造业为重点,以加强先进制造业集群培育、锻造先进制造业产业链为重要抓手,聚焦机械、冶金、纺织等行业转型升级需要,重点研发攻关智能装备和基础零部件。二是实施一批工业强基工程项目。制订出台鼓励政策措施,引导企业通过"揭榜挂帅"等方式,积极参与国家工业强基、重大短板装备等重大工程和技术攻关项目,为智能制造应用推广提供技术支撑。三是研发突破一批智能制造共性技术与软件,逐步实现智能制造软件的自主可控和产业安全。四是建设一批智能制造创新中心。鼓励支持制造业龙头企业主导整合产业链上下游资源,联合科研院所、服务机构等,部署建设细分行业领域的智能制造创新中心,为整个行业提供关键共性技术服务、实现创新溢出。

5.1.2 推进两化深度融合

坚持两化融合,着力优化智能制造融合发展水平。一是不断加强新一代信息技术在制造业研发、生产、仓储、服务等方面的规模化应用,逐步推动传统制造方式向着智能化方向转型。二是加快工业互联网平台建设。一手抓"建平台",鼓励引导主要制造业行业的龙头骨干企业与网络通信龙头企业加强合作,共同打造一批针对特定行业领域的工业互联网平台、工业大数据平台;一手抓"用平台",鼓励引导广大制造企业特别是中小微企业接入工业互联网平台,着力提升对行业海量异构数据的集成、存储和计算能力。三是促进行业应用。鼓励企业通过工业互联网平台整合资源,根据用户的个性化需求,有针对性地开展一对一的设计咨询、生产制造、运维服务等工作,并提升拓展品质追溯、设备健康监控等增值服务,逐步朝着服务化方向融合转型。四是加大信息基础设施建设投入。进一步加大信息基础设施投资,加快推进 5G 商用及下一代互联网(IPv6)全面部署。继续深化与四大电信集团及华为、中兴、腾讯、苏宁等重点企业的战略合作,推进信息基础设施重点建设项目,夯实智能化融合应用基础设施。

5.1.3　培育产业生态体系

坚持系统集成,着力培育智能制造产业生态体系。一是构建标准体系。标准体系意味着话语权和主导权,智能制造时代尤其要加快补上这一课。要加大政策引导支持力度,推动具备条件的企业积极开展相关技术标准和应用标准的研制,组织开展智能制造关键共性技术标准、重点行业应用标准等的研究制定工作,并加快搭建标准试验验证的平台,逐步完善江苏智能制造标准体系,不断增强智能制造领域的江苏话语权。二是着力培育系统解决方案供应商。系统解决方案供应商是实现智能制造规模化应用推广的关键一环,但目前处于数量少、水平低的状况。针对传统制造业企业对智能制造装备、产线建设的需求,和智能车间、智能工厂改造的需求,要鼓励支持装备制造企业、网络信息企业、软件企业等加强协同配合,研发提供针对细分行业领域的智能制造系统解决方案,推进智能制造装备、软件、网络等的融合应用,并加快向解决方案供应商转型。三是打造智能制造公共服务平台。公共服务平台建设对推动智能制造由试点示范向大规模应用推广转变意义重大。鼓励重点产业领域龙头企业牵头整合产业链上下游及科研院所、中介机构等各方资源,搭建江苏智能制造创新中心等研发与成果转化公共服务平台,开展智能制造关键共性技术和装备的研发、中试、检验以及成果转化等工作,为广大传统制造业企业特别是中小微企业提供技术咨询、技术交易、产业链协同等服务。

5.1.4　促进产业集聚发展

坚持区域协同,着力建设智能制造产业集聚区。一是加强苏南自主创新区创新一体化建设。按照"统筹布局、省市共建、开放共享"的原则,以国家高新区为重点,以智能制造为重点领域,围绕培育发展"一区一战略产业"和先进制造业,布局建设一批区域产业技术创新协同联动平台,实施一批全局性、跨区域、跨领域的产业重大关键核心技术攻关项目,加快打造高水平的"创新矩阵"。二是加强长三角区域一体化发展。按照国家关于长三角一体化发展战略要求,落实好《长三角智能制造协同创新发展倡议》《长三角工业互联网发展国家先行区建设方案》,推动政府主管部门、相关重点企业、相关机构等在智能制造标准制订、应用推广、产业链对接等方面加强合作,共同成立长三角智能制造产业发展、协同创新、成果转化等合作组织,积极培育世界级智能制造产业集群,逐步完善长三角智能制造合作机制。三是加强国际交流合作。围绕智能制造技术标准、知识产权、产业应用等方面,加强与国内外智能制造政府部门和研究机构沟通交流,及时跟踪把握世界智能制造发展趋势。通过输出技术标准,提升巩固行业领先地位,促成上下游产业间的技术关联形成企业联盟进行集成式创新。

5.2　强化智能制造人才支撑

人才是创新要素中的首位要素,是产业发展的最大变量,是引领新经济新产业发展的主要动能。大力发展智能制造,关键在于进一步深化人才供给侧结构性改革,扩大智能制造人才的有效供给,促进智能制造产业链、创新链与人才链融通,实现产业发展和人才发展同向发力、同频共振,以此来引领推动传统制造业改造升级、建设制造强国。

从工作重点看,要抓紧打造一支与智能制造推广应用工作需求相匹配的大规模、高水平的人才队伍:一是智能制造领域的高层次创新创业领军人才。围绕发展创新型经济的需要,以高层次创新创业领军人才和团队为重点,结合世界"双一流"高校和学科建设,鼓励两院院士、国家杰青、长江学者等高科技领军人才在智能制造领域建立新型研发机构转化科技成果,培养一批具有领先科研开发能力、有望突破关键核心技术的创新型科技领军人才,培养一批具有自主知识产权、擅长技术成果转化的创业型企业家,打造一支规模大、层次高、能力强的创新创业人才队伍。二是智能制造重点领域的紧缺急需人才。适应打造智能制造改造提升和大规模应用推广的需要,更大力度培育智能制造重点领域的急需紧缺人才,特别是在物联网、数控机床、人工智能、工业机器人、工业软件等领域培养引进急需紧缺人才,确保专业人才队伍支撑有力。三是智能制造领域的高技能人才。智能制造改造和应用推广,离不开大规模的技能型、操作型人才,离不开富有"工匠精神"的高素质产业工人。要以提升专业技能和综合素质为核心,以培育高水平技能人才为重点,鼓励企业加大职工培训投入和力度,支持企业与各类院校合作建立内部培训中心,培养面向自身工厂需要的安装调试、设计编程等智能制造技术人才,推动相关高等院校、职业技能培训学校等聚焦智能制造领域、深化教育体制改革、提升人才培养水平,努力打造一支数量庞大、门类齐全、技术精湛的高技能人才队伍。四是加强智库建设。充分利用好科研院所、行业协会、重点企业在智能制造领域的专家资源,分行业领域组织高水平的专家智库,为政府部门科学决策、企业智能制造改造等提供专业的技术支持和政策建议。

从推进措施看,要聚焦智能制造的发展需求,以国际化的视野建立完善智能制造人才引进、培育和使用的机制,制订出台相关支持配套政策,培养和引进一大批掌握智能制造尖端技术的高层次人才和创新团队,主要包括健全多层次人才培养体系、引进全球智能制造高端人才、加大产业人才体制机制创新、营造产才融合良好社会氛围。

5.2.1　健全多层次人才培养体系

从学校、企业、社会等层面系统推进多层次人才队伍建设,确保人才总量和结构层次与智能制造发展需求相匹配。一是瞄准智能制造发展前沿与趋势,实施政府牵头,企业、园区、大学、科研院所共同参与的智能制造创新型人才培育计划,依托科研院所和研究型大学,建立对基础研究和战略高技术研究的稳定投入机制,加大国家重点实验室和科学研究实验基地建设力度,培养造就一支具有世界领先水平的智能制造科技创新人才队伍。二是选择相关专业强的高校、智能制造研究机构建立培训基地,加强智能制造与传统产业融合发展专题培训,培育一批具有全球战略眼光和智能制造理念的领军型企业家。三是鼓励高等教育机构在学科设置上进一步对接智能制造的发展趋势和需求,面向产业发展和就业市场需求调整和新设学科专业,支持有条件的高等院校有重点、有选择地开设新学科、新专业,加快发展人工智能、物联网、大数据等专业,加大相关领域教育投入和师资力量培养,逐步建立完善智能制造紧缺人才的统计发布制度。四是借鉴德国的"双轨制"职业教育体系和人才培养模式,开展"双轨制"职业教育试点示范并借鉴推广,重点提高技能人才的操作能力和信息技术综合运用能力,加强高素质的产业技术"工匠"队伍建设。鼓励有条件的高校院所和骨干企业共同建设智能制造实训车间、工程实验室等,共同培养复合型人才。

5.2.2 引进全球智能制造高端人才

当前,美国对我国科技交流和人才引进实施封锁打压,我们一方面要加快自主创新,力争实现关键核心技术自主可控,另一方面还是要坚持对外开放,实施更开放的创新人才引进政策,聚天下英才而用之。一是立足于引领制造业未来发展,加大政策支持力度,创新海外招才引才模式,拓展招贤纳才渠道,以全球视野引进利用高层次智能制造人才,围绕产业链、创新链打造"人才链"。二是着眼于智能制造发展的需要,建立完善全球化吸引和使用人才的制度机制,充分发挥企业主体作用和主观能动性,在全球范围内吸引智能制造领域科技领军人才和团队,尤其是智能制造系统集成、工业互联网、工业控制软件等领域的高层次人才。三是按照"不求所有,但求所用"的思路,建立完善柔性化引才用才机制,从全球范围内引进智能制造领域的顶级科学家、高级工程师以及企业家等高层次人才担任省内科研院所的教授、导师或研究院员等,采取灵活的方式参与我省智能制造人才培养、技术研发等工作。

5.2.3　加大产业人才体制机制创新

践行"人才第一资源"理念,切实提升对智能制造人才培养工作的重视程度和投入力度,进一步完善、创新智能制造人才体制机制。一是瞄准智能制造改造升级和应用推广发展需求,进一步深化人才供给结构性改革,建立急需紧缺人才目录,充分发挥企业主体、专业机构招才引才作用,不断完善相关工作机制,提高人才匹配度、人才贡献率。二是瞄准智能制造科技成果转化难的现实问题,进一步加大政策支持力度,完善相关体制机制,加强知识产权保护,努力畅通科技成果与市场应用之间的渠道,尽早让包括智能制造在内的各类科技成果转化为现实生产力。三是瞄准智能制造发展的主阵地产业园区,进一步加强规划建设,合理配置生产与生活空间资源,促进相关领域人才向园区集中,努力把园区打造成为产业和人才集聚高地。四是聚焦包括智能制造在内相关新兴产业领域融资难问题,进一步创新金融产品,打造金融线上平台,加强对相关领域人才的金融服务,努力解决智能制造人才融资难等问题。

5.2.4　营造产才融合良好社会氛围

全力满足智能制造人才创新创业的需求,努力当好人才服务的"店小二",不断优化人才发展环境,切实解决智能制造人才的在生活、工作、学习等方面实际困难,让人才心无旁骛创新创业。积极营造尊重人才的良好氛围,加大对优秀人才的奖励力度和宣传热度,既能招得进、又能用得好、还能留得住。无论是制造强国还是制造强省建设,都不可能依托低素质、高流动的农民工队伍,而必须要有一支技术过硬的高技能人才队伍,有一支现代智能制造"工匠"人才队伍。

5.3 优化智能制造政策供给

5.3.1 加强顶层设计

一是强化组织领导。省制造强省领导小组统筹推进全省智能制造发展工作,研究制订全省"智能制造产业转型升级行动方案"。二是加强统筹协调。针对制约传统制造业智能化改造升级的瓶颈和薄弱环节,加强前瞻性部署和战略性谋划,统筹协调各方优势资源,共同推进智能制造推广应用和发展。三是坚持分类施策。在准确把握智能制造发展趋势的基础上,针对不同产业领域、不同区域水平、不同企业基础,注重实事求是、分类施策,提升赋能的科学性和精准性。

5.3.2 完善产业政策

产业转型,首先需要政策转型。新常态下,既要引导鼓励企业向新兴产业转型,同时又不能引发"一窝蜂"转型,造成新一轮过度投资、加剧产能过剩。为此,应在准确把握新常态下产业转型的新内涵、新特征的前提下,调整产业转型政策的支持重点,突出企业的转型主体地位,推动企业科学转型、理性决策,不断实现持续成长。

一方面,要调整产业转型政策的支持重点。要从过去支持引导企业选择进入某一特定产业,转向不聚焦某一产业,而是支持优化发展环境、降低营商成本、鼓励创新产业等方面,以充分发挥企业的主观能动性,充分发挥市场配置资源的决定性作用,真正激活企业转型的内生动力。另一方面,要推动"互联网＋制造业"渗透融合。"互联网＋"模式日益成为产业转型的新常态。为此,产业政策需要围绕互联网与制造业融合发展,聚焦新一代信息技术与制造技术深度融合,积极打造工业互联网平台,促进行业互联网的规范应用,驱动传统制造业通过"上云""上平台"实现转型升级。一是加强智能化改造,实现从单个生产设备到整条生产线,从单个生产车间到整个工厂的智能化提升改造,提升整个企业的生产经营和管理效率,并提高产品质量和可靠性,降低单位产出成本,优化企业的投入产出比;二是加强网络化协同,利用互联网获取广大用户的个性化产品需求,通过运用协同设计、协同制造等智能制造新模式,实现个性化定制,并在此过程中降低新产品开发成本,缩短新产品上市时间;三是加强服务化延伸,通过传感器、物联网等技术手段对产品实施全生命周期监测,并提供远程维护等服务,同时将相关反馈给制造环节,用于优化改进产品,最终实现制造业服务业转型。总之,向企业注入智能化基因,引导企业不断改造制造流程、创新经营模式、优化内部管理和客户服务,推动企业从传统制造向智能制造转型。

5.3.3　推进试点示范

一是打造典型示范。支持在全省范围内开展传统制造业向智能制造转型升级的综合试点,选择部分传统制造业基础较好、新兴制造业势头活跃的市、县(区)开展省级智能制造发展试点。在纺织、化工、冶金、机械等传统制造业行业,鼓励建设智能制造标杆工厂,引导重点企业积极开展智能制造改造提升和智能制造新项目建设,加快形成可复制推广的经验。二是强化引领带动。加强对试点示范项目跟踪评估,打造一批可供复制借鉴的示范项目,进行基础共性技术标准的测试验证,并逐步在不同行业、不同层次企业中推广应用,同时着力培育一批智能制造系统解决方案提供商。三是引导企业开展管理创新,在生产运营过程实施智能化改造提升,按照智能制造理念和模式对运营和管理进行整合优化,推动企业从传统制造向智能制造转型。四是加强宣传推广。以我省八大传统制造业为重点,加大优秀"智能+"赋能案例宣传力度,总结各地、各行业智能制造试点先进经验,分行业、分地区召开现场交流会,推广试点示范企业先行先试的经验与模式。

5.3.4　强化要素保障

一是加大财税支持。统筹利用国家制造业高质量发展专项,以及省工业和信息产业转型升级专项政策,支持智能制造新模式应用以及智能制造软件研发。对经省级评定的智能车间、智能工厂、工业互联网标杆工厂,以及积极参与或主导制订国际国内智能制造相关标准的企业,给予奖励支持、释放鼓励信号。对进行智能化改造提升的传统制造业企业,按投入比例给予一定奖补。充分发挥政府产业基金撬动作用,吸引社会资源共同支持企业智能制造改造升级。二是加大首台套重大装备专项政策支持力度。对能够提供具有自主知识产权的智能制造系统解决方案的设备制造企业、软件开发企业等,出台专门政策明确其等同于首台套重大装备提供商,允许相关企业享受首台套重大装备专项政策优惠。三是创新金融扶持。探索鼓励相关金融机构设立智能装备专项贷款，对技术领先、辐射面大、带动作用强的智能制造示范项目给予信贷支持，加快应用推广步伐。建立智能制造服务商和应用企业利益共享机制，鼓励相互参股、持股。按照"政府引导，市场运作"的原则，引导和支持社会资金进入智能制造创业投资领域。

参考文献

[1] 龚炳铮. 智能制造企业评价指标及评估方法的探讨[J]. 电子技术应用,2015,41(11):6-8.

[2] 董志学,刘英骥. 我国主要省市智能制造能力综合评价与研究——基于因子分析法的实证分析[J]. 现代制造工程,2016(01):151-158.

[3] 邵坤,温艳. 基于因子分析法的智能制造能力综合评价研究[J]. 物流科技,2017,40(07):116-120.

[4] 阮小雪. 中国智能制造能力综合分析及其对制造业的影响[J]. 郑州航空工业管理学院学报,2017,35(05):39-49.

[5] 尹峰. 智能制造评价指标体系研究[J]. 工业经济论坛,2016,03(06):632-641.

[6] 张蓉君,于秀明,胡静宜. 基于智能制造评价指数的河南企业智能制造能力分析[J]. 标准科学,2016(07):24-27.

[7] 易伟明,董沛武,王晶. 基于高阶张量分析的企业智能制造能力评价模型研究[J]. 工业技术经济,2018,37(01):11-16

[8] 周济,李培根,周艳红等. 走向新一代智能制造,Engineering,2018,4(1):11-20

[9] 李廉水,吴利华,徐彦武,郁明华. 公司跨行业转型:特征分析与风险控制——以中国上市公司跨行业转型成功与失败的典型个案为例[J]. 管理世界,2004

(1):118 - 129.

[10] 李廉水,郁明华,吴利华.上市公司转型风险控制方法研究[J].东南大学学报(哲学社会科学版),2003,5(2):37 - 40.

[11] Mcgahan and Anita M. The Performance of US Corporations :1981 - 1994 [J]. The Journal of Industrial Economics,1999, Vol.47(4):373 - 398.

[12] 张建忠.上市公司效益滑坡原因分析[J].中国工业经济,2000(2):70 - 73.

[13] 陈晓芸,林海颖.上市公司进入高科技行业绩效的实证研究[J].南开管理评论,2001(5):14 - 18.

[14] 黄群慧,贺俊."第三次工业革命"与中国经济发展战略调整——技术经济范式转变的视角[J].中国工业经济,2013(01):5 - 18.

[15] Barbara Blumenthal. Philippe Haspeslagh. Toward a definition of corporate transformation[J]. Sloan Management Review,1994, Vol. 35(3): 101 - 106.

[16] Muzyka D. and Konig A. and Churchill N. On transformation and. adaptation:Building the entrepreneurial corporation[J]. European Management Journal,1995, Vol.13(4):346 - 362.

[17] 邵洁笙,吴江.科技创新与产业转型的内涵及其相关关系探讨[J].科技管理研究,2006(2):79 - 81.

[18] 凌文昌,邓伟根.产业转型与中国经济增长[J].中国工业经济,2004(12): 20 - 24.

[19] Doz Y. and Thanheiser H. Regaining Competitiveness:A Process of Organisational Renewal[M]. Chichester:Wiley,1993:292 - 311.

[20] Prahalad C. K. and Oosterveld J. P. Transforming Internal Governance: The Challenge for Multinationals[J]. Sloan Management Review,1999, Vol.40(3):31 - 40.

[21] [美]拉里·博西迪,拉姆·查兰.转型[M].北京:中信出版社,2005.

[22] 康荣平,柯银斌.企业多元化经营[M].北京:经济科学出版社,1999: 1 - 60.

[23] 姜琳.产业转型环境研究[D]:[博士].大连:大连理工大学,2002:1 - 57.

[24] 芮明杰. 再创业[M]. 北京：经济管理出版社,2004:109-121.

[25] 朱俊,叶一军. 动态环境下的企业战略转型研究[J]. 武汉理工大学学报·信息与管理工程版,2004,26(6):62-65.

[26] 于德贵. 对通信企业战略转型的几点思考[J]. 通信管理与技术,2005(6):35-38.

[27] [美] 詹姆斯·迈天,李东贤等译. 大转变:公司构建工程的七项原则[M]. 北京：清华大学出版社,2000.

[28] 李廉水,徐彦武. 上市公司业务转型管理的六大误区[J]. 科研管理,2004,25(1):61-65.

[29] 李烨,李传昭,陈升. 不确定环境下企业战略性业务转型的一个决策链模型[J]. 科技管理研究,2004(4):87-90.

[30] 李烨. 动态环境下企业业务转型与持续成长研究[D]:[博士]. 重庆：重庆大学,2005:19-21,42-53.

[31] 肖丕楚. 传统优势企业转型研究[D]:[博士]. 四川：四川大学,2005:161-172.

[32] 张有新,李卫锋. 我国上市公司产业转型初探[J]. 经济师,2006(10):116-117.

[33] 李烨,蒋再文. 传统大型制造业企业战略转型与我国工业化发展模式的转变[J]. 经济问题探索,2004(6):12-15.

[34] Gort M. Diversification and Integration in American Industry[M]. Princeton,N.J.: Princeton University Press,1962.

[35] 李敬. 多元化战略[M]. 上海：复旦大学出版社,2002:19.

[36] 尹义省. 适度多角化:企业成长与业务重组[M]. 上海：三联书店,1999.

[37] Lamont B. T. and Hoffman J. J. Competitive Decision Making in Declining Industry[J]. International Journal of Organizational Analysis,1993,Vol.1(2):203-215.

[38] 芮明杰. 产业致胜——产业视角的企业战略[M]. 杭州：浙江人民出版社,1999:156-215.

[39] 张米尔. 西部资源型城市的产业转型研究[J]. 中国软科学,2001(8):102-

105.

[40] 陆国庆. 上市公司产业转型的风险管理[J]. 经济理论与经济管理,2003
(5):33-38.

[41] 吴利华. 上市公司跨行业转型研究[D]:[博士]. 南京:河海大学,2004:
25-40.

[42] 张米尔,邸国永. Investment Opportunity Choosing Based on Parenting Ma-
trix[J]. Proceedings of 2001 International Conference on Management Sci-
ence & Engineering (ISTP 收录)

[43] 张道宏等. 上市公司壳资源研究[M]. 西安:西安交通大学出版社,2002:
2-15.

[44] Porter M. E. Towards a Dynamic Theory of Strategy[J]. Strategic Man-
agement Journal,1991(12):95-117.

[45] Porter M. E. What is strategy[J]. Harvard Business Review,1996(11/12):
61-78.

[46] [美]迈克尔·波特,李小悦(译). 竞争优势[M]. 北京:华夏出版社,1997:
1-60.

[47] Prahalad C. K. and Hamel G. Strategy as a Field of Study:Why Search
for a New Paradigm[J]. Strategic Management Journal,1994(15):5-16.

[48] Michael L. T. and Charles A. O. The ambidextrous organization:Manag-
ing evolutionary and revolutionary change[J]. California Management Re-
view,1996, Vol.38(4):8-30.

[49] 赵宇龙,易琮. 对我国各行业未来成长能力的实证考察:一种市场视角[J].
经济研究,1999(6):37-44.

[50] 张茂林. 企业直面战略转型[J]. 政策与管理,2002(5):4-7.

[51] 张米尔,王德鲁. 产业转型中项目机会研究的匹配矩阵方法[J]. 数量经济
技术经济研究,2003(9):138-142.

[52] 陆国庆. 衰退产业中公司创新战略选择[J]. 经济理论与经济管理,2001
(12):32-37.

[53] 王静. 传统行业中企业转型问题研究[J]. 华东经济管理,2003,17(2):

27 - 28.

[54] 吴利华. 上市公司跨行业转型风险分析与评价[J]. 湖南大学学报(社会科学版),2005,19(4):56 - 60.

[55] Fiegenbaum A. and Thomas H. Strategic Groups and Performance: the U. S. Insurance Industry,1970 - 84[J]. Strategic Management Journal,1990 (11):197 - 215.

[56] Zajac EJ and Kraatz MS. A Diametric Model of Strategic Change: Assessing the Antecedents and Consequences of Restructuring in the Higher Education Industry[J]. Strategic Management Journal,1993(Special Issue): 83 - 102.

[57] Kotter John. Leading Change: Why Transformation Efforts Fail,1995[J]. Harvard Business Review,1995(March - April):59 - 67.

[58] Duhaime V. L. Barker III and I. M. Strategic change in the turnaround process: theory and empirical evidence[J]. Strategic Management Journal, 1997(18):13 - 38.

[59] 周长城,杨敏. 欧盟对中小企业转型的政策扶持[J]. 经济评论,2002(2): 114 - 118.

[60] 晏国祥. 非危机状态下的企业转型[J]. 广州市经济管理干部学院学报, 2002,4(4):35 - 3.

[61] 李烨,李传昭,王涛. 不确定环境下企业脱胎换骨式业务转型的一个优化决策模型[J]. 科技管理研究,2006(3):208 - 211.

[62] 杨振. 企业战略转型初步研究[D]:[硕士]. 上海:复旦大学,2004:7 - 16.

[63] 余博,蒋运通. 论企业战略转移[J]. 宁波广播电视大学学报,2004,2(3): 15 - 17.

[64] 王吉发,冯晋,李汉铃. 企业转型的内涵研究[J]. 统计与决策,2006(1): 153 - 157.

[65] Prahalad C. K. and Hamel G. The Core Competence of the Corporation [J]. Harvard Business Review,1990(May - June):79 - 91.

[66] Bettis R. A. and Prahalad C. K. The Dominant Logic: Retrospective and

Extension[J]. Strategic Management Journal,1995,Vol.1(16):5 - 14.

[67] Teece D. J. and Pisano Cz and Shuen A. Dynamic Capabilities and Strategic Management[J]. Strategic Management Journal,1997,Vol.1(18):509 - 533.

[68] Barney J. B. Resource - based Theories of Competitive Advantage:A Ten-year Retrospective on the Resource - based View[J]. Journal of Management,2001,Vol.27(6):643 - 650.

[69] 陈朝晖. 企业战略转型基本模式研究[J]. 商业时代,2005(30):31 - 32.

[70] 王德鲁,张米尔. 强相关型产业转型企业技术能力发展的路径选择[J]. 科学学与科学技术管理,2005(11):84 - 87.

[71] 王德鲁,周敏. 转型企业技术能力演进机理与再造路径研究[J]. 中国管理科学,2005,13(6):143 - 148.

[72] 王德鲁,张米尔,周敏. 产业转型中转型企业技术能力研究评述——兼论转型企业技术能力再造途径[J]. 管理科学学报,2006,9(3):74 - 80.

[73] 于建雅. 新能源装备制造企业智能制造发展影响因素研究[D].哈尔滨工程大学,2017.

[74] Lebas M. J. Performance measurement and performance management[J]. International Journal of Production Economics,1995,Vol.41(1):23 - 35.

[75] 杨国彬,李春芳. 企业绩效评价指标 - EVA[J]. 经济管理,2001(9):21 - 24.

[76] 刘志彪,谭克,陆国庆. 上市公司资本结构与业绩研究[M]. 北京:中国财政经济出版社,2004:3 - 38.

[77] 王玉荣. 中国上市公司融资结构与公司绩效[M]. 北京:中国经济出版社,2005:158 - 160.

[78] 丁纯,李君扬.德国"工业 4.0":内容、动因与前景及其启示[J].德国研究,2014,29(04):49 - 66 + 126.

[79] 陈抗.从传统制造向智能制造转型:管理学原理考察[J].企业技术开发,2017(10):95 - 96、120.

[80] 陈抗.从中国制造到中国创造:第三次工业革命的因应之道[J].江海学刊,

2013(6):91-96.

[81] 陈抗,李廉水.新常态下制造企业的产业转型:综合动因与实现机制[J].江海学刊,2017(5):78-83.

[82] 陈抗.上市公司产业转型对经营绩效影响的实证研究[J].现代管理科学,2007(7):51-52.

[83] 孟凡生,于建雅.新能源装备智造发展影响因素作用机理研究[J].科研管理,2019,40(05):57-70.

[84] 王若明,魏明.中国智能制造能力与影响因素分析——基于沿线18省区市的实证研究[J].宁波大学学报(人文科学版),2019,32(03):50-55.

[85] Wei Z. Xie F. & Zhang S. Ownership Structure and Firm Value in China's Privatized Firms:1991—2001[J]. Journal of Financial and Quantitative Analysis,2005(40):87-108.

[86] 《中国制造2025》(国发〔2015〕28号).2015年5月19日.

[87] Delaney J. T. & Huselid M. J. The impact of human resource management practices on perceptions of organizational performance[J]. Academy of Management Journal,1996, Vol.39(4):949-969.

[88] Stewart G. B. EVA:Fact and Fantasy[J]. Journal of Applied Corporate Finance,1994, Vol.7(2):71-84.

[89] Stewart G. B. EVA Works-But not if you make these common mistakes[J]. Fortune,1995, Vol.131(8):117.

[90] 许庆瑞,王勇.业绩评价理论:进展与争论[J].科研管理,2002,23(2):50-56.

[91] 王平心,陈琳,李补喜.整合EVA的上市公司绩效评价模型研究[J].数理统计与管理,2006,25(2):186-194.

[92] 陈晓,江东.股权多元化、公司业绩与行业竞争性[J].经济研究,2000(8):28-35.

[93] 陈小悦,徐晓东.股权结构、企业绩效与投资者利益保护[J].经济研究,2001(11):3-11.

[94] Sun Q. & Tong W. China Share Issue Privatization:the Extent of Its Suc-

cess[J]. Journal of Financial Economics,2003(70):183 - 222.

[95] 何旭. 上市公司股权结构与经营绩效研究[M]. 哈尔滨：东北林业大学出版社,2004:91.

[96] 于东智,池国华. 董事会规模、稳定性与公司绩效：理论与经验分析[J]. 经济研究,2004(4):70 - 79.

[97] 姚俊,吕源,蓝海林. 我国上市公司多元化与经济绩效关系的实证研究[J]. 管理世界,2004(11):119 - 125.

[98] 徐莉萍,辛宇,陈工孟. 股权集中度和股权制衡及其对公司经营绩效的影响[J]. 经济研究,2006(1):90 - 100.

[99] Lang L. & Stulz R. Tobin's Q,Corporate Diversification,and Firm Performance[J]. Journal of Political Economy,1994(102):1248 - 1291.

[100] 史永东,何海江,沈德华. 中国股市有效性动态变化的实证研究[J]. 系统工程理论与实践,2002(12):88 - 92.

[101] 夏立军,方轶强. 政府控制、治理环境与公司价值[J]. 经济研究,2005(5):40 - 51.

[102] Smith K. G. &. Grimm C. Environmental Variation,Strategic Change And Firm Performance：A Study Of Railroad Deregulation[J]. Strategic Management Journal,1987(8):363 - 376.

[103] 李江涛,李铭. "衰退悖论"与产业深化[N]. 中国经济时报,2003 - 10 - 23.

[104] [美] 伊查克·麦迪思著,赵睿等译. 企业生命周期[M]. 北京：中国社会科学出版社,1997:321 - 323.

[105] [美] 理查德·L·达夫特著,李维安等译. 组织理论与设计精要[M]. 北京：机械工业出版社,1999:89.

[106] 邢建国. 可持续成长企业的基本约束条件及其战略重点[J]. 中国工业经济,2003(11):55 - 61.

[107] [美] 莫里森. 第二曲线[M]. 北京：团结出版社,1997.

[108] Van de Ven A. H. &. Poole M. S. Explaining development and change in organizations[J]. Academy of Management Review,1995(20):510 - 540.

[109] Hofer C. W. &. Schendel D. Strategy Formulation ：Analytical Concepts

〔M〕. St. Paul,MN：West,1978.

〔110〕 Bourgeois L. J. Strategy and environment ：A conceptual integration〔J〕. Academy of Management Review,1980，Vol.10(5)：322－336.

〔111〕 Rajagopalan Nandini. Toward a theory of strategic change ：a multi－lens perspective and integrative framework〔J〕. Academy of Management Review,1996(22)：48－79.

〔112〕 Ginsberg A. Measuring and modeling changes in strategy ： theoretical foundations and empirical directions〔J〕. Strategic Management Journal,1988(9)：559－575.

〔113〕 Corsi T. M.,Grimm C. M.Smith K. G. &. Smith R. D. Deregulation,strategic change，and firm performance among LTL motor carriers〔J〕. Transportation Journal,1991(3)：4－13.

〔114〕 Birnbaum P. H. The choice of strategic alternatives under increasing regulation in high technology companies〔J〕. Academy of Management Journal,1984(27)：489－510.

〔115〕 Haveman H. A. Between a rock and a hard place：organizational change and performance under conditions of fundamental environmental transformation〔J〕. Administrative Science Quarterly,1992(37)：48－75.

〔116〕 Paphael Amit &. Paul J. H. Schoemaker. Strategic Assets and Organizational Rent〔J〕. Strategic Management Journal,1993(14)：33－46.

〔117〕 芮明杰,方统法. 相关多角化发展战略的另一种诠释——兼评两种相关多角化战略理论〔J〕. 财经研究,2000,26(3)：46－49.

〔118〕 Rosabeth Moss Kanter. The Challenge of Organizational Change〔M〕. Barry A. Stein and Todd D. Jick Publisher：The Free Press,1992.

〔119〕 Michael Beer. Organization Change and Development：A Systems View〔M〕. Illinois：Scott Foresman & Co.,1980：80－165.

〔120〕 张志元,李兆友.新常态下我国制造业转型升级的动力机制及战略趋向〔J〕.经济问题探索,2015(06)：144－149.

〔121〕〔荷〕杰克·J·弗罗门,李振明译. 经济演化〔M〕. 北京：经济出版社,

2003.

[122] 盛昭瀚,蒋德鹏. 演化经济学[M]. 上海：上海三联书店,2002.

[123] [美] 巴格海著,奚博铨,许润民译. 企业增长炼金术[M]. 北京：经济科学
出版社,1999.

[124] 陆国庆. 衰退产业论[M]. 南京：南京大学出版社,2002:274.

[125] [美] 罗伯特·格兰特著,胡挺译. 公司战略管理[M]. 北京：光明日报出
版社,2001.

[126] Aldrich H. E. &. Feffer J. P. Environments of Organizations[J]. Annual
Review of Sociology,1976，Vol.2，Palo alto，CA：Annual Review:79.

[127] Hannah M. T. and Freeman J. H. The Population Ecology of Organiza-
tions[J]. American Journal of Sociology,1977(82):929 - 964.

[128] 傅平. 中国传媒集团组织转型研究[D]：[博士]. 上海：复旦大学,2005:
38.

[129] Feffer J. P. and Salancik G. R. The External Control of Organizations：
A Resource Dependence Perspective[M]. New York：Harper & Row，
1978.

[130] [美] 塔尔科特·帕森斯. 现代社会的结构与过程[M]. 北京：光明日报出
版社,1988:48 - 56.

[131] [美] 小艾尔弗雷德 D 钱德勒. 看得见的手——美国企业的管理革命[M].
北京：商务印书馆,1987:487 - 530.

[132] Eldrege N. &. Gould S. J. Punctuated equilibria：an alternative to phylet-
ic gradualism. In：Schopf，T. J. [Ed.] Models in Paleobiology[M]. San
Francisco：Frseman，Cooper and Company,1972:82 - 115.

[133] Gersick C. Revolutionary change theories：A multi - level exploration of
the punctuated equilibrium paradigm[J]. Academy of Management Re-
view,1991(16):10 - 36.

[134] 史永乐,严良.智能制造高质量发展的"技术能力"：框架及验证——基基于
于 CPS 理论与实践的二维视野[J].经济学家,2019(09):83 - 92.

[135] Tushman M. &. Romanelli E. "Organizational evolution：A metamorpho-

sis model of convergence and reorientation". In B. M. Staw & L. L. Cummings(Eds.)[C]. Research in organizational behavior. vol. 7[M]. Greenwich, Conn: JAI Press,1985:171 - 172.

[136] [英] 马歇尔(AlfredMarshall). 经济学原理(上卷)[M]. 北京：商务印书馆,1964:326 - 327.

[137] Edit. T. Penrose. The Theory of Growth of the Firm[M]. New York: John Wiley,1959:24 - 25.

[138] 中国智能制造绿皮书编委会. 中国智能制造绿皮书(2017)[M]. 北京:电子工业出版社,2017.

[139] [美] 彼得·圣吉(PeterMSenge). 第五项修炼——学习型组织的艺术与实务[M]. 上海：上海三联出版社,1994.

[140] [美] 罗纳德·哈里·科斯. 论生产的制度结构[M]. 上海：上海三联书店,1994:3 - 12.

[141] 芮明杰. 现代企业持续发展理论与策略[M]. 北京：清华大学出版社,2004:164 - 168.

[142] 易开刚,孙漪.民营制造企业"低端锁定"突破机理与路径——基于智能制造视角[J].科技进步与对策,2014,31(6):73 - 78.

[143] 姚丽媛,王健,智能制造特点与典型模式研究[J].智慧中国,2017(10):76 - 79.

[144] 宋天虎.走向机械制造的数字化网络化智能化[J].焊接,2017(09):6.

[145] 杨叔子.机械制造学科的地位、现状与发展趋势[J].湖北汽车工业学院学报,2014,28(03):1 - 10.

[146] 熊有伦.智能制造[J].科技导报,2013,31(10):3.

[147] 卢秉恒,邵新宇,张俊,王磊.离散型制造智能工厂发展战略[J].中国工程科学,2018,20(04):44 - 50.

[148] 黄群慧.中国的制造业发展与工业化进程:全球化中的角色[J]. China Economist,2019,14(04):2 - 13.

[149] 左世全.美国推进智能制造对我国的启示[J].中国国情国力,2016(06):1.

[150] 吕铁. 我国制造业高质量发展的基本思路与举措[N]. 经济日报,2019 -

04 - 18(012).

[151] 陈明、梁乃明:《智能制造之路——数字化工厂》,机械工业出版社 2017 年版.

[152] 戚永红. 多角化过程中的知识利用与知识开发及其对企业绩效的影响—— 以我国信息技术类上市公司为例[D]:[博士]. 杭州:浙江大学,2004: 32 - 68.

[153] 尤建新,武小军,郭建新. 我国上市公司资产重组绩效评价模型[J]. 同济 大学学报(自然科学版),2005,33(6):828 - 832.

[154] 马为清,杜慧婵,牛江蓉. 智能制造新模式、新业态发展研究[J]. 智能制造, 2017(07):24 - 28.

[155] Berger, Philip G. and Eli Ofek. Diversification Effect on Firm Value[J]. Journal of Financial Economics,1995(37):39 - 65.

[156] Anita M. Mcgahan and Michael E. Porter. How much does industry matter, really? [J]. Strategic Management Journal,1997(18):15 - 30.

[157] Hawawini G. Subramanian V. & Verdin P. Is performance driven by industry - or firm - specific factors? A new look at the evidence[J]. Strategic Management Journal,2003(24):1 - 16.

[158] Cohen W. & Klepper S. The anatomy of industry R&D intensity distributions[J]. American Economic Review,1992(82):773 - 799.

[159] 王志忠. 江苏智能制造发展战略[M]. 北京:经济科学出版社,2018.

[160] Bowman E. H. and Helfat C. E. Does corporate strategy matter? [J]. Strategic Management Journal,2001(22):1 - 23.

[161] W·钱·金,勒妮·莫博涅. 蓝海战略[M]. 北京:商务印务馆,2005: 5 - 13.

[162] 李敬. 多元化战略[M]. 上海:复旦大学出版社,2002:76 - 88.

[163] Harold Demetz. Barriers To Entry[J]. The American Economic Review, 1982(March):47.

[164] 加里·哈默尔,C·K·普拉哈拉德. 竞争大未来[M]. 北京:昆仑出版社, 1998:20 - 25.

［165］Brush. T. H. Bromiley P. &. Hendrickx M. The relative influence of industry and corporation on business segment performance: an alternative estimate[J]. Strategic Management Journal,1999(20):519-547.

［166］Green D. and Ryans A. Entry strategies and market performance: Causal modeling of a business simulation[J]. Journal of Product Innovation Management,1990(7):45-58.

［167］李心丹,朱洪亮等. 基于 DEA 的上市公司并构效率研究[J]. 经济研究,2003(10).

［168］Tsai. W. M. MacMillan I. C. and Low M. B. Effects of strategy and environment on corporate venture industrial markets[J]. Journal of Business Venturing,1991(6):9-28.

［169］McDougall. P. P., Covin. J. G. Robinson Jr R. B. and Herron L. The effects of industry growth and strategic breadth on new venture performance and strategy content[J]. Strategic Management Journal,1994,Vol. 15(7):537-554.

［170］Krueger A. O. The political economy of the rent - seeking society[J]. American Economic Review,1974(64):291-303.

［171］宝贡敏. 孤波寻租多角化:转型背景下的企业成长战略[J]. 科研管理,2002,23(3):32-39.

附件　相关论文代表作

实体经济与人力资源高质量协同发展：
机理、绩效与路径[①]

陈　抗　战炤磊

【摘要】推动实体经济与人力资源高质量协同发展是建设现代化经济体系、构建双循环新发展格局的内在要求。实体经济高质量发展牵引人力资源高质量供给，人力资源高质量供给引领实体经济高质量发展，二者协同发展的基本作用机制在于劳动力与就业岗位的有机对接和产品服务与消费需求的有机对接。运用耦合系统分析模型，对五省市实体经济与人力资源高质量协同发展的绩效进行定量评价的结果显示，上海处

① 本文是 2019 年江苏省社会科学基金后期资助项目"智能制造背景下传统制造业转型升级的路径与机制研究"（项目编号 19HQ037）的成果，发表于《经济纵横》2021 年第 1 期。

于良好协调状态,江苏处于初级协调状态,浙江处于初级协调状态,山东处于勉强协调状态,广东处于勉强协调状态。为此,必须紧扣高质量协同发展的内在规律和客观要求,不断创新实体经济发展模式和人力资源开发模式。

【关键词】实体经济;人力资源;高质量发展;协同发展

【中图分类号】F127

【文章编号】1007 - 7685(2021)01 - 0079 - 11

【文献标识码】A

【DOI】10.16528/j.cnki.22 - 1054/f.202101079

党的十九大将"建设实体经济、科技创新、现代金融、人力资源协同发展的产业体系"[1]确立为建设现代化经济体系的重要着力点,其中"实体经济与人力资源"的协同发展直接指向物质生产与人类再生产的关系,在四个子系统的协同关系中处于基础地位,也是以人民为中心的发展思想在经济高质量发展领域的集中体现。新冠肺炎疫情引发世界经济深度衰退,放大了百年未有之大变局的不确定性,凸显对经济韧性与安全、产业链条稳定与可控的要求。党的十九届五中全会强调指出,要"坚持把发展经济 着力点放在实体经济上","推进产业基础高级化、产业链现代化,提高经济质量效益和核心竞争力"。[2]而实体经济与人力资源高质量协同发展,能够实现经济增长与劳动就业、产品供给与消费需求的良性循环,增强经济的韧性与抗压能力,不仅可在短期内直接助力"六稳""六保"任务的落实,而且可在长期内更好适应双循环新发展格局。近年来,学界对"建设实体经济、科技创新、现代金融、人力资源协同发展 的产业体系"这一重大命题进行了深入研究,既有关于理论机理、问题与对策的定性分析,[3-5]也有基于评价指标体系的定量分析[6]。部分学者在分析实体经济与要素投入的协同关系时涉及了人力资源,[7]但集中研究实体经济与人力资源协同发展的文献并不多见。为此,本文拟从高质量发展的视角剖析实体经济与人力资源高质量协同发展的理论机理,运用耦合系统分析模型对上海、广东、江苏、浙江、山东五省市实体经济与人力资源高质量协同发展的绩效进行定量评价,进而在此基础上系统探讨相应的实现路径。

一、实体经济与人力资源高质量协同发展的理论机理

(一)实体经济高质量发展牵引人力资源高质量供给

人力资源是经济发展必不可少的要素资源。党的十九大提出我国经济由高速增长阶段进入高质量发展阶段,发展阶段的重大跃迁,也对包括人力资源在内的各种生产要素提出了新的更高要求。随着农业剩余劳动力转移的持续放缓和人口年龄结构的加速老龄化,以劳动力和资本的粗放投入为支撑的传统经济增长模式已难以为继。以高质量为表征的新的经济发展模式需要劳动力的素质有根本性改变,即以更高质量的人力资源替代一般人力资源。就现阶段而言,经济高质量发展的基本特征可从四个方面来理解,即数量规模层面保持中高速增长,多维结构层面不断优化,发展动力层面创新驱动,结果效益层面经济效益与社会效益的持续提升和均衡分配。经济发展要表现出这些特征,要求人力资源供给以高质量为导向进行转型,这也揭示了人力资源高质量供给的基本内容维度。首先,经济的中高速稳定增长必然要求劳动力供给数量保持相对稳定,避免出现各种"用工荒"。其次,产业结构转型升级要求劳动力素质的整体提升,区域空间结构和城乡结构优化要求后发地区和乡村劳动力数量与质量的协同提升。

再次,发展动力从要素和投资驱动转向创新驱动,关键是实现自主创新能力和绩效的持续提升,而自主创新既需要大量高层次的研发人才和企业家,也需要大量高素质的操作人才。最后,经济效益的改善主要源于劳动生产率的提升,社会效益的改善主要源于行为理念和价值观念的转变,而这两方面都反映了人力资源素质的提升。同时,发展成果按照贡献的合理分配,也有赖于人力资源素质的提升。一方面,人力资源整体贡献的提升可以提高劳动报酬在初次分配中的比重;另一方面,人力资源自身素质的改进可以相应改善就业条件和收入水平。

(二)人力资源高质量供给引领实体经济高质量发展

从供给侧看,人力资源是生产函数中最具能动性的要素,技术和资本的作用发挥都要以人力资源为基础,而且人力资源的素质和积极性也决定了技术和资本发挥功效的前沿边界。人力资源数量规模的稳步扩张是经济持续稳定增长的重要保障,人力资源素质提高带来的生产率改善是经济稳定增长的主导动力。人力资源整体素质的持续攀升和素质结构的持续优化,会推动技术水平和创新绩效的不断提升,从而为经济高质量发展提供不竭的动力源泉。人力资源知识素养和文明程度的提高,有助于增强经济主体的社会责任感,减少生产经营活动的负向外溢效应,减少对生态环境的破坏,促进经济绿色高质量发展。从需求侧看,人是经济发展的目标和归属,经济发展要服从并服务于人的自由全面发展。我国社会主要矛盾发生了新的变化,人民的美好生活需要成为引领经济高质量发展的内生动力。高质量发展首先是以人民为中心的发展,既要在结果层面以丰富多样、绿色低碳的高质量产品和服务满足人民多元化的物质和文化需要,又要在过程层面以高层次的就业岗位、丰富的工作内容、人性化的工作体验满足人民差异化的劳动需要和自我实现需要。

人力资源对经济高质量发展的引领作用体现在三个方面：一是消费需求引领。人的生存与发展必然派生出各种各样新的消费需求，而且随着经济社会的发展，人的消费需求也会不断升级，从而引领产品和服务的转型升级。在现代市场经济条件下，消费需求已经成为引领经济增长的原动力，不断促进国内消费需求的扩张与升级也是当前我国经济增长的核心命题。同时，人力资源自身规模、结构和质量的变迁也会不断派生新的消费需求，进而为经济增长增添新动能。如，人口老龄化将加速老龄产业和老龄经济的发展，人口生育政策的调整将促进幼儿消费市场的繁荣。二是人力资本投资需求引领。人自由全面发展的需要投射到人力资源层面，就会产生人力资源自我累积发展的需要。为了不断提升人力资源素质，以教育培训、医疗卫生等领域为代表的人力资本投资持续增加，不仅会直接促进经济发展，而且这些领域具有广泛的联系带动效应，能够带动相关产业领域的转型升级。三是就业需求引领。按照马克思主义的观点，劳动创造了人本身，劳动实践是人类的存在方式。劳动就业是人的根本需要及促进经济发展的必要路径，创造就业也是经济发展的基本任务。能否创造充足的就业岗位、满足人民的就业需求，是衡量经济发展质量的重要指标。增加就业也是政府宏观调控的四大目标之一，特别是在现阶段，"稳就业"处于我国宏观政策的首位，"六稳"首先就是"稳就业"。随着经济社会条件的发展变化，人力资源的就业需求会在数量、层次、结构等方面不断呈现新的特征，这些新特征也会通过各种途径传递给相应的实体经济部门，从而引领实体经济的转型升级。

（三）实体经济与人力资源高质量协同互动的作用机理

实体经济与人力资源高质量协同发展的作用机理集中体现在两个层面：一是劳动力与就业岗位的有机对接。劳动力是人力资源中最具生产性的组成部分，其高质量供给能够支撑经济的中高速稳定增长，而经济高质量发展则能不断创造出新的就业岗位，既包括数量的变化，也包括类型和层次的变化，从而需要相应数量和质量的劳动力与之匹配。当这两个方面能够均衡对接时，意味着人力资源和经济发展均处于高质量的发展状态；当劳动力与就业岗位之间存在严重的结构性失衡时，意味着人力资源供给质量偏低，经济发展质量也会受到制约。同时，这种严重失衡并不会固化，也会产生相应的调适机制：一方面，会牵引人力资源提升供给质量；另一方面，也可能倒逼经济系统根据劳动力供给状况，或者布局更多的劳动密集型产业，或者布局更多的劳动节约型产业，其实际结果取决于两方力量的对比。二是产品服务与消费需求的有机对接。人力资源既是生产主体，也是消费主体，其高质量供给会派生出更大规模和更高层次的消费需求与购买能力，而经济高质量发展所提供的产品和服务也需要在消费市场上完成价值实现过程。同样，当这两个方面能够均衡对接时，意味着人力资源和经济发展均处于高质量发展状态；当产品服务与消费需求之间出现严重失衡时，意味着经济发展质量偏低，人力资源供给质量也难以稳定提升。相应的调节机制在于：一方面，高质量人力资源释放出的消费需求会引领实体经济转型升级，并以强劲的市场需求和丰裕的人力资本强化创新能力和绩效，提升经济高质量发展的能力；另一方面，人力资源也会根据既有的产品和服务供给状况调整自身消费需求。当然，这两种作用机制之间也不是绝对独立的，二者也会发生交叉作用。

消费也是人力资源自身再生产的重要条件,特别是一些具有人力资本投资属性的消费还会显著提升人力资源供给质量,而人力资源供给质量的提升又可以更好地匹配就业岗位,进而提高劳动生产率和创新能力,使企业提供更高质量的产品和服务,以满足人力资源的美好生活需要。这样,就可以产品和劳动力为媒介构成一种动态循环链条,使实体经济高质量发展与人力资源高质量供给形成一种良性自我累积的互动机制。

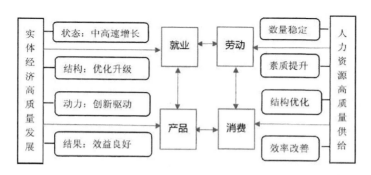

图1 实体经济与人力资源高质量协同发展的作用机理

二、实体经济与人力资源高质量协同发展的绩效评价:苏、浙、粤、鲁、沪的比较分析

由于实体经济与人力资源都是包含丰富内容的复杂概念,而且二者之间的互动作用机理极为复杂,很难用单一指标反映二者之间的关系。为此,我们借鉴耦合系统分析方法,构建包含实体经济和人力资源两大子系统的耦合系统,借助相关评价指标体系,测算二者的耦合协调度,对实体经济与人力资源高质量协同发展的绩效进行定量评价。

(一)耦合系统分析模型

耦合(coupling)属于物理学的概念,常用于反映两个以上的系统在良性互动下达致的相互依赖、相互协调、相互促进的动态关系。由

于本文所构建的耦合系统由实体经济与人力资源两个子系统组成,因此耦合度模型可以简化为:

$$C = 2 \times \left[\frac{u_1 \times u_2}{(u_1 + u_2)(u_1 + u_2)} \right]^{1/2} \tag{1}$$

其中,C 为耦合度值;u_1、u_2 分别为实体经济与人力资源两个子系统对总系统有序度的贡献度,$u_i = \sum_{j=1}^{p} \lambda_{ij} u_{ij}$,其中,$\sum_{j=1}^{p} \lambda_{ij} = 1$,$\lambda_{ij}$ 为序参量权重,u_{ij} 为第 i 个序参量的第 j 个指标进行标准化处理后的值。C 的取值在 0 到 1 之间,根据耦合度的取值范围变化可以分为六种类型。[①]

由于不同子系统在整个耦合系统中的地位和权重有所不同,因此,进一步引入综合协调指数计算两大子系统的耦合协调度,计算公式如下:

$$D = (C \times T)^{1/2} \tag{2}$$

$$T = au_1 + bu_2 \tag{3}$$

其中,D 为耦合协调度,T 为实体经济与人力资源两个子系统的综合协调指数,a、b 为待定系数,鉴于实体经济子系统与人力资源子系统的主从关系并不明显,因此均取 0.5。D 的取值在 0 到 1 之间,根据不同取值范围可分为十种类型。[②]

---

① 分别为(1) C=0,无序状态;(2) 0<C≤0.3,低水平耦合;(3) 0.3<C≤0.5,颉颃耦合;(4) 0.5<C≤0.8,磨合耦合;(5) 0.8<C<1,高水平耦合;(6) C=1,耦合有序。

② 分别为(1) D∈(0,0.09],极度失调;(2) D∈[0.10,0.19],严重失调;(3) D∈[0.20,0.29],中度失调;(4) D∈[0.30,0.39],轻度失调;(5) D∈[0.40,0.49],濒临失调;(6) D∈[0.50,0.59],勉强协调;(7) D∈[0.60,0.69],初级协调;(8) D∈[0.70,0.79],中级协调;(9) D∈[0.80,0.89],良好协调;(10) D∈[0.90,1],优质协调。

（二）评价指标体系构建

随着经济高质量发展理论研究与实践的深入推进,学者们从不同角度设计了多种经济高质量发展评价指标体系。如,殷醒民基于现代化经济体系的基本框架,将高质量发展指标体系扩展为五个维度,即全要素生产率、科技创新能力、人力资源质量、金融体系效率、市场配置资源机制。[8]朱启贵在阐释高质量发展的深刻内涵基础上,将高质量发展的指标体系归结为五个方面,即动力变革指标、产业升级指标、结构优化指标、效率变革指标、民生发展指标。[9]部分地区根据五大发展理念和相关战略,制定了高质量发展的评价指标体系。如,《江苏高质量发展监测评价指标体系与实施办法》中的高质量发展监测评价指标体系由六大类、40 项指标组成,与实体经济、改革开放、城乡建设、文化建设、生态环境、人民生活"六个高质量"的发展部署密切呼应。《广东高质量发展综合绩效评价体系(试行)》主要对照高质量发展的内涵和五大发展理念设置了 6 个一级指标,涉及综合、创新、协调、绿色、开放、共享等方面,下设39 个二级指标,其中有 33 个适用于珠三角核心区、沿海经济带、北部生态发展区三类区域的共同指标,12 个适用于不同区域的类别指标。

概括而言,经济高质量发展实质上可以理解为在保持经济规模稳步增长的基础上,不断优化经济结构,以创新为主要动力,不断提高经济产出质量和效益的动态过程。为此,借鉴既有评价指标体系,从规模增长、结构升级、创新驱动、结果效益四方面构建实体经济子系统的评价指标体系(见表1),包括 11 个二级指标、23 个三级指标(正向指标 21 个、负向指标 2 个)。其中,规模增长主要从绝对规模和增长速度两个维度考量,并从产值、消费两个层面选取三级指标;结构升级主要从产业结构、投资结构、出口结构、消费结构四个维度考量,重点选取一些能够反映结构质量的指标；创新驱动主要从创新投入和创新产出两个维度考量，并且重点选取一些人均指标和相对指标；结果效益主要从经济效益、社会效益、生态效益三个维度考量，并且重点选取一些人均指标和相对指标。

表1 实体经济子系统评价指标体系及权重

一级指标	二级指标	三级指标	单位	方向	权重
规模增长	绝对规模	人均地区生产总值	万元／人	正向	0.043 313
		人均消费水平	元／人	正向	0.042 825
	增长速度	地区生产总值增速	％	正向	0.042 367
		居民消费水平增速	％	正向	0.042 378
结构升级	产业结构	第三产业比重	％	正向	0.042 635
		高新技术产业产值比重	％	正向	0.043 050
	投资结构	民间投资比重	％	正向	0.043 756
		制造业投资比重	％	正向	0.044 060
	出口结构	高新技术产品出口比重	％	正向	0.047 758
		出口额占 GDP 比重	％	正向	0.044 656
	消费结构	居民家庭恩格尔系数	％	负向	0.042 415
		居民文教娱乐支出比重	％	正向	0.042 496
创新驱动	创新投入	人均研发经费投入	元／人	正向	0.044 407
		创新投入强度	％	正向	0.042 888
		技术改造投资额占固定资产投资比重	％	正向	0.044 807
	创新产出	人均发明专利授权量	件／人	正向	0.045 420
		工业企业新产品销售收入占主营业务收入比重	％	正向	0.043 454

续表

一级指标	二级指标	三级指标	单位	方向	权重
结果效益	经济效益	工业企业销售利润率	%	正向	0.042 441
		工业企业资产利润率	%	正向	0.042 597
	社会效益	居民人均收入	元	正向	0.043 346
		城乡居民收入比	—	正向	0.042 447
	生态效益	单位 GDP 能耗	吨单位标准煤/万元	负向	0.042 652
		环境污染治理投资占 GDP 比重	%	正向	0.043 832

关于人力资源高质量发展的评价指标体系目前尚不多见,我们对照高质量发展的内涵和要求,从规模增长、素质提升、结构优化、效益改善四个方面构建人力资源子系统的评价指标体系(见表 2),包括 8 个二级指标、19 个三级指标(正向指标 17 个、负向指标 2 个)。其中,规模增长主要从绝对规模和增长速度两个维度考量,并从人口和就业人数两个层面选取三级指标;素质提升主要从人力资本投资及其结果两个维度考量,并且主要选取人均指标;结构优化主要从年龄结构和配置结构两个维度考量,并且主要选取相对指标;效益改善主要从素质效益和配置效益两个维度考量,并且重点选取一些反映质量效益的相对指标。

表 2　人力资源子系统评价指标体系及权重

一级指标	二级指标	三级指标	单位	方向	权重
规模增长	绝对规模	常住人口数量	万人	正向	0.054 938
		从业人数	万人	正向	0.055 244
	增长速度	人口自然增长率	%	正向	0.052 072
		人口出生率	%	正向	0.054 205
		从业人数增长率	%	正向	0.051 572
素质提升	人力资本投资	人均财政性教育经费	元/人	正向	0.052 492
		人均财政性医疗经费	元/人	正向	0.052 438
	总体素质提升	6 岁及以上人口平均受教育程度	年	正向	0.051 648
		每十万人大专以上学历人数	人	正向	0.053 647
结构优化	年龄结构	劳动年龄人口比重	%	正向	0.051 587
		老龄人口比重	%	负向	0.052 016
	配置结构	第三产业从业人员比重	%	正向	0.052 387
		研发人员占从业人员比重	%	正向	0.053 277
效益改善	素质效益	就业人数占劳动年龄人口比重	%	正向	0.051 788
		就业人员平均受教育年限	年	正向	0.051 661
	配置效益	每十万人专业技术人员数量	人	正向	0.052 649
		城镇登记失业率	%	负向	0.051 901
		城镇在岗职工平均工资水平	元	正向	0.052 513
		人口城镇化率	%	正向	0.051 965

（三）指标数据来源及标准化处理

本文选取经济总量排名全国前四位的广东、江苏、山东、浙江四省和全国经济中心上海市作为研究样本,考虑数据的可获得性,主要运用 2011—2017 年的相关数据进行耦合协调度测算。相关指标数据测算过程中所需的基础数据均来自相关地区的统计年鉴、统计公报和"全球统计数据/分析平台"的相关权威统计数据库。为了规避指标权重计算过程中的主观随性问题，采用熵值法计算指标权重；鉴于指标性质差异会有不同的量纲和数量级，采用极差标准化的方法进行无量纲化处理。[10]

（四）测算结果和比较分析

1. 实体经济质量指数。由于本文主要按照高质量发展的要求构建了实体经济子系统的评价指标体系，选择的指标除少量的规模速度指标外，绝大部分为反映发展质量的结构效益类指标，因此，一定程度上可以将实体经济子系统的评价得分视为实体经济质量指数。从图 2 看，上海实体经济质量指数最高，呈波动上升态势；江苏居次位，总体呈波动下降态势；浙江列第三位，呈稳定上升态势，与江苏的差距趋于缩小；广东列第四位，总体呈稳定上升态势；山东排名垫底，且呈明显的下降态势。

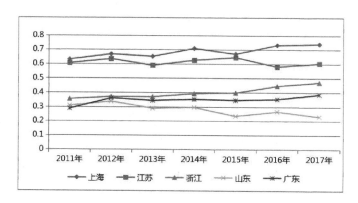

图 2　2011—2017 年实体经济质量指数变化情况

2. 人力资源质量指数。在本文构建的人力资源子系统的评价指标体系中,绝大部分指标反映了发展质量和结构效益,因此,可以将人力资源子系统的评价得分视为人力资源质量指数。从图3看,上海人力资源质量指数最高,且呈波动上升态势,明显高于其他四个地区;其他四个地区的人力资源质量水平较为接近,其中浙江稍高,然后依次是广东、山东、江苏。

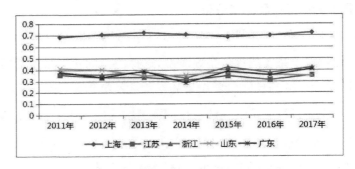

图3　2011—2017年人力资源质量指数变化情况

3. 耦合度比较分析。2011—2017年,五省市实体经济子系统与人力资源子系统的耦合度取值都超过0.95,处于高水平耦合阶段,上海(2014年)和广东(2016年)甚至有个别年份耦合度等于1,达到耦合有序阶段。这说明实体经济与人力资源两大子系统的相互作用关系总体上处于较好状态,也进一步佐证了前述关于二者关系的理论预判。这主要是因为尽管不同省市的实体经济和人力资源两大子系统的质量指数存在明显差异,但每个省市内部两大子系统的质量指数差异却较小。从样本期均值看,五个省市两大子系统质量指数之差的绝对值,只有江苏为0.28,其他四个省市均小于0.1。两大子系统的质量指数呈现高度一致性,会显著抬高样本省市的耦合度取值。

4. 耦合协调度比较分析。虽然五个省市的耦合度取值都比较高,但部分省市的实体经济质量指数和人力资源质量指数均较低,说明存在伪协调问题。从图4看,五省市的实体经济与人力资源耦合协调度出现了明显分化。在整个样本期内,上海的耦合协调度取值在0.810 9～0.855 1之间,一直处于良好协调状态,耦合协调度总体呈平稳上升态势;江苏的耦合协调度取值在0.653 4～0.688 1之间,一直处于初级协调状态,而且耦合协调度呈现小幅波动下降态势;浙江的耦合协调度取值在0.599 5～0.667 4之间,除个别年份处于勉强协调状态外,多数年份处于初级协调状态,而且耦合协调度总体呈上升态势;山东的耦合协调度取值在0.533 4～0.607 1之间,总体处于勉强协调状态,只有个别年份处于初级协调状态,而且耦合协调度总体呈明显的下降态势;广东的耦合协调度取值在0.565 2～0.630 4之间,总体处于从勉强协调向初级协调过渡的状态,而且耦合协调度呈现小幅波动上升态势。

从样本期均值看,上海为0.833 5,处于良好协调状态,实体经济质量和人力资源供给质量都较为强势,实体经济对于人力资源的引领作用相对较强,人力资源对实体经济的支撑作用也逐步提升;江苏为0.673 4,处于初级协调状态,实体经济质量水平较高,仅次于上海,但人力资源质量却在样本省市中垫底,人力资源质量严重制约了实体经济质量的提升;浙江为0.623 9,处于初级协调状态,实体经济质量指数排名第三,而人力资源质量排名第二,人力资源对实体经济的支撑作用不断增强;山东为0.567 5,处于勉强协调状态,实体经济质量指数排名垫底,人力资源质量指数排名第三,实体经济对人力资源的引领作用不足,人力资源对实体经济的支撑作用也趋于弱化;广东为0.595 5,处于勉强协调状态,实体经济质量指数和人力资源质量指数均排名第四位,人力资源对实体经济的支撑作用趋于增强,人力资源质量占据优势地位的年份处于初级协调状态。

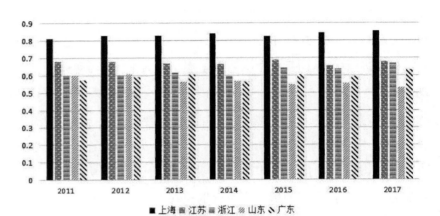

图 4   2011—2017 年样本地区耦合协调度比较

表 3   沪、苏、浙、鲁、粤五省市实体经济与人力资源高质量协调发展绩效

地区	年份	经济高质量发展指数	人力资源供给质量指数	耦合度	耦合类型	耦合协调度	耦合协调类型
上海	2011	0.630 9	0.685 5	0.999 1	高水平耦合	0.810 9	良好协调
	2012	0.668 5	0.707 3	0.999 6	高水平耦合	0.829 2	良好协调
	2013	0.652 2	0.722 7	0.998 7	高水平耦合	0.828 6	良好协调
	2014	0.708 1	0.706 8	1.000 0	耦合有序	0.841 1	良好协调
	2015	0.670 8	0.685 1	0.999 9	高水平耦合	0.823 3	良好协调
	2016	0.732 6	0.700 2	0.999 7	高水平耦合	0.846 3	良好协调
	2017	0.739 5	0.722 8	0.999 9	高水平耦合	0.855 1	良好协调

地区	年份	经济高质量发展指数	人力资源供给质量指数	耦合度	耦合类型	耦合协调度	耦合协调类型
江苏	2011	0.605 7	0.357 3	0.966 1	高水平耦合	0.682 0	初级协调
	2012	0.634 6	0.335 4	0.951 2	高水平耦合	0.679 2	初级协调
	2013	0.590 1	0.336 4	0.961 8	高水平耦合	0.667 5	初级协调
	2014	0.625 5	0.310 1	0.941 5	高水平耦合	0.663 7	初级协调
	2015	0.645 8	0.347 2	0.953 7	高水平耦合	0.688 1	初级协调
	2016	0.581 1	0.313 6	0.954 2	高水平耦合	0.653 4	初级协调
	2017	0.603 3	0.354 0	0.965 5	高水平耦合	0.679 8	初级协调
浙江	2011	0.356 1	0.369 5	0.999 8	高水平耦合	0.602 2	初级协调
	2012	0.371 6	0.357 4	0.999 8	高水平耦合	0.603 7	初级协调
	2013	0.371 3	0.383 3	0.999 9	高水平耦合	0.614 2	初级协调
	2014	0.392 7	0.329 0	0.996 1	高水平耦合	0.599 5	勉强协调
	2015	0.398 6	0.422 5	0.999 6	高水平耦合	0.640 6	初级协调
	2016	0.445 8	0.375 8	0.996 4	高水平耦合	0.639 8	初级协调
	2017	0.471 0	0.421 1	0.998 4	高水平耦合	0.667 4	初级协调
山东	2011	0.308 6	0.411 7	0.989 7	高水平耦合	0.597 0	勉强协调
	2012	0.337 7	0.402 4	0.996 2	高水平耦合	0.607 1	初级协调
	2013	0.289 9	0.349 7	0.995 6	高水平耦合	0.564 3	勉强协调
	2014	0.296 3	0.353 4	0.996 1	高水平耦合	0.568 8	勉强协调
	2015	0.235 0	0.380 7	0.971 6	高水平耦合	0.546 9	勉强协调
	2016	0.266 1	0.356 8	0.989 3	高水平耦合	0.555 1	勉强协调
	2017	0.230 8	0.350 7	0.978 5	高水平耦合	0.533 4	勉强协调

地区	年份	经济高质量发展指数	人力资源供给质量指数	耦合度	耦合类型	耦合协调度	耦合协调类型
广东	2011	0.288 3	0.382 3	0.990 1	高水平耦合	0.576 2	勉强协调
	2012	0.362 3	0.336 0	0.999 3	高水平耦合	0.590 7	勉强协调
	2013	0.345 3	0.388 4	0.998 3	高水平耦合	0.605 1	初级协调
	2014	0.353 6	0.288 7	0.994 9	高水平耦合	0.565 2	勉强协调
	2015	0.347 3	0.386 8	0.998 5	高水平耦合	0.605 4	初级协调
	2016	0.354 6	0.355 0	1.000 0	耦合有序	0.595 6	勉强协调
	2017	0.387 3	0.407 8	0.999 7	高水平耦合	0.630 4	初级协调

三、实体经济与人力资源高质量协同发展的路径选择

实体经济与人力资源高质量协同发展具有多重正向效应,但在实践中,二者的关系常常与理想状态存在很大距离。为此,必须紧扣高质量协同发展的内在规律和客观要求,不断创新实体经济发展和人力资源开发模式,夯实二者有效互动的基础。

(一)实现创新驱动,强化产业结构与人力资源的协调互动

按照迈克尔·波特的经济发展阶段理论,创新驱动阶段是实体经济在经历了要素驱动和投资驱动阶段之后新的目标阶段,能否顺利进入创新驱动阶段也是经济能否实现持续健康发展的关键。由创新驱动战略引领的产业结构调整升级,将主要借助人力资本这一中介变量对人力资源开发产生积极影响,从而促进人力资源开发与产业结构优化的协调互动。其一,从动力机制看,创新驱动战略主要依靠科技创新、制度创新、管理创新引领产业升级,将对创新的核心要素——人力资本派生出巨大需求,不仅会从需求层面拉动整体人力资本水平的提

升,改善人力资源质量,而且会提高劳动生产率,减少对普通劳动力的需求,抑制人力资源规模的过快增长。其二,从调整结果看,创新驱动战略引领的产业结构调整,将高新技术产业、战略性新兴产业和现代生产性服务业作为目标产业,而这些产业都属于知识和技术密集型产业,将会强化对于高素质人力资本的需求,并通过技术进步和新产品、新服务的供给为人力资源质量改善提供良好条件,从而显著改善人力资源质量;同时,将会降低劳动密集型产业比重,降低对普通劳动力的需求,减轻人力资源增长压力。

上文的实证检验结果也证明,科技创新成果对于人力资源开发与产业结构调整的耦合协调度有显著正向影响。因此,一方面,创新驱动应该成为未来产业结构调整模式的主导特征:一是要以落实创新驱动战略为契机,完善区域创新体系,使企业成为区域创新的主要主体,依托高效的官产学研协同创新机制,提高自主创新效率,不断取得高水平的科技创新成果,在一批关键领域取得重大突破,为产业结构调整提供坚实的科技支撑。二是坚持以创新型产业为发展重点,围绕创新优化区域产业布局,构建以高新技术产业、战略性新兴产业、现代服务业为支柱的创新型产业体系,培育先进产业集群,突出区域产业结构的创新特色。三是落实对创新企业的各项优惠政策,在区域支柱产业领域培育创新型企业,并通过并购和战略合作培育一批创新型龙头企业。另一方面,必须构建创新导向的人力资源开发模式:一是塑造鼓励创新、容忍失败的创新文化氛围,加强创新教育,使人力资源具备基本的创新意识和创新技巧。二是以新一轮全面深化改革为契机,扎实推进户籍制度改革和社会保障体制改革,扫除创新型人才自由 流动的制度壁垒和后顾之忧。三是完善创新人才的激励约束机制,加大优秀人才引进力度,落实相关优惠政策,构筑区域性创新人才集聚高地。四是针对创新对于人力资源素质的综合要求,健全区域人力资本投资体系,全面提升人力资源的综合素质。特别是要依托健全的医疗保健服务体系提升人力资源的身体素质,依托完善的综合教育体系提升人力资源的知识素养,通过优化氛围与多维调适相结合提升人力资源的心理素质。

(二) 加快产才融合,强化人力资源与就业岗位的有机对接

实体经济与人力资源是相互依存、相互影响的关系,实体经济发展会带动人力资源发展,人力资源发展又会加速实体经济发展。上述实证分析也表明,在实体经济加快发展的同时,人力资源需求增长与有效供给不足的矛盾逐步显现,制约了实体经济向高质量发展。以实体经济的主体——制造业为例,从供给侧看,无论是核心技术、装备、系统研发所需的高端人才,还是操作岗位所需的熟练技能人才,目前都存在较大缺口,而既懂生产制造,又懂企业管理,还熟悉信息化的复合型人才则更为缺乏。从需求侧看,无论是新兴产业培育,还是传统制造业改造,都需要相应的人才梯次结构支撑;智能制造还进一步对复合型人才提出了更高需求,既要掌握高端装备、数控机床等知识,又要熟悉通讯互联、智能分析等技术。由此,推动实体经济高质量发展,关键在于加强人力资源的供给和支撑,推动产业链、人才链、创新链相互贯通,实现产业发展和人才集聚同向发力、同频共振,以人力资源供给侧结构性改革推动实体经济高质量发展。[11]一是建立多层次的人力资源开发体系,从学校、企业、社会等层面系统推进多层次人才队伍建设。可借鉴德国"双轨制"职业教育模式,确保人力资源总量和结构与实体经济发展相匹配。二是打造跨学科能力培养模式,适应不同学科的知识、理论和方法加速融合、交叉渗透的新趋势,促进学科专业

交叉融合。建立个性化实践教学体系,打造以企业为依托的协同式实践平台。三是引进国内外高层次人才。以全球视野和战略眼光,充分开发国内外人才资源,汇聚龙头企业和领军人才、创新团队。四是全方位完善政策支持体系。推进教育"放管服"改革,健全需求导向的人才培养结构调整机制,落实社会力量举办教育的各项财税、投资、金融、用地等优惠政策,优化创新创业服务环境。

(三)坚持量质并重,强化人力资源数量与质量的联动提升

人力资源本身就是数量与质量的综合体,但由于我国劳动力资源丰裕,因此,一直以来"重质轻量"的理念在人力资源开发领域占据主导地位,甚至一谈到人力资源开发就是提高人力资源素质。在劳动力数量比较充裕的背景下,更加重视质量提升本无可厚非,但是质量提升的成效并不显著。而且当前在人口老龄化和出生率偏低两种力量的作用下,劳动力的数量优势正在逐渐消减,"重质轻量"的人力资源开发理念急需转变,毕竟没有数量作为基础,质量也无从谈起。同时,上述实证检验结果显示,人力资本平均水平对人力资源开发和产业结构调整的耦合协调度有显著负向影响,而人力资本总量则有显著正向影响。这说明,一方面,当前的人力资本平均水平还不够高,特别是顶级人力资本相对匮乏;另一方面,说明数量优势也非常重要。因此,必须树立量质并重的人力资源开发理念,既重视质量层次提升,又重视数量规模扩张,以丰厚的人力资本基础支撑顶尖人力资本的高度,依靠高端人力资本提升人力资本的平均水平,构建一种量质并重的人力资源开发模式。一是继续加大人力资本投资力度,切实提升人力资本平均水平,同时将人力资本投资的重点向顶级人才倾斜,培养一批拔尖人才和领军人才。二是进一步优化人口生育政策,保持人

口规模适度增长,增强人力资源数量扩大的内生动力,将人力资源数量规 模保持在相对稳定的区间。三是优化人力资源配置结构。倡导团队型人力资源配置模式,促进优秀人才与普通劳动力的合理搭配,实现人力资源数量与质量的良性互动。四是加强老龄人力资源开发。通过弹性工作制和工作内容合理化,使部分老龄人力资源继续发挥余热,既能充分利用老龄人力资源的经验优势,提高老龄人力资源的自我供养能力,又有助于满足老龄人力资源的自我实现需要,从而帮助全社会以积极的心态应对老龄化。

【参考文献】

[1] 决胜全面建成小康社会夺取新时代中国特色社会主义伟大胜利——在中国共产党第十九次全国代表大会上的报告[N]. 人民日报,2017 - 10 - 28.

[2] 中共中央关于制定国民经济和社会发展第十四个五年规划和二〇三五年远景目标的建议[N]. 人民日报,2020 - 11 - 04.

[3] 付保宗,盛朝迅,徐建伟,等. 加快建设实体经济、科技创新、现代金融、人力资源协同发展的产业体系研究[J]. 宏观经济研究,2019(4):41 - 52 + 97.

[4] 付保宗,周劲. 协同发展的产业体系内涵与特征——基于实体经济、科技创新、现代金融、人力资源的协同机制[J]. 经济纵横,2018(12):23 - 33.

[5] 农春仕. 加快人力资源与实体经济协同构建现代产业体系[J]. 现代经济探讨,2020(8):95 - 100.

[6] 卢新海,沈纬辰,杨喜,等. 中国区域实体经济、科技创新、现代金融与人力资源协同发展评价[J]. 统计与决策,2019(15):129 - 132.

[7] 邵汉华,刘克冲. 实体经济与要素投入协同发展的时空差异及效应研究——高质量发展视角[J]. 科技进步与对策,2020(12):36 - 45.

[8] 殷醒民. 高质量发展指标体系的五个维度[N]. 文汇报,2018 - 02 - 06.

[9] 朱启贵. 建立推动高质量发展的指标体系[N]. 文汇报,2018 - 02 - 06.

[10] 战焰磊. 资源禀赋、空间集聚与植物油加工业全要素生产率变化研究[M]. 南京:东南大学出版社,2016:164.

[11] 叶玲,李心合. 重大结构性失衡下振兴实体经济的路径选择——基于要素市场改革的视角[J]. 江海学刊,2017(6):101 - 106.

High-Quality Coordinated Development of Real Economy and Human Resources: Mechanism, Performance and Path

Abstract: Promoting the high-quality coordinated development of real economy and human resources is the inherent requirement of building a modern economic system and a new development pattern of double circulation. The high-quality development of the real economy in the dual circulation pattern leads to the high-quality supply of human resources, and the high-quality supply of human resources leads the high-quality development of the real economy. The basic mechanism of their coordinated development lies in the organic docking of labor force and employment posts, and the organic docking of products &services and consumer demand. This paper uses the coupling system analysis model to quantitatively evaluate the performance of high-quality coordinated development of real economy and human resources in5 provinces and cities. The results show that, Shanghai is in good coordination, Jiangsu is in primary coordination, Zhejiang is in primary coordination, Shandong is in barely coordination, Guangdong is in barely coordination. Therefore, it is necessary to keep up with the inherent law and objective requirements of high-quality coordinated development, and constantly innovate the development mode of real economy and human resources.

Keywords: Real Economy; Human Resources; High-Quality Development; Collaborative Development

面向江苏制造业高质量发展的产教融合研究①

陈　抗

【摘要】本文以江苏省为例,在深入分析制造业产教融合现状的基础上,剖析了产教融合存在人才总量不足、层次偏低、结构性矛盾突出等主要问题,并揭示了其原因在于制造业领域产教融合的机制尚未有效建立,学校培养与产业实际需求不匹配,国外高层次人才引进难度加大,青年技能人才流失严重。以产教融合推动制造业高质量发展,工作重点是要抓紧打造一支与先进制造业创新链、产业链相匹配的大规模、多层次、高素质人才队伍,推进措施主要包括健全多层次人才培养体系、探索跨学科能力培养模式、完善全流程政策支持体系等。

【关键词】产教融合　教育　制造业

【中图分类号】G647

【文章编号】1003 - 8418(2021)03 - 0055 - 04

【文献标识码】A

【DOI】10.13236/ j.cnki.jshe.2021.03.008

① 本文是2019年江苏省社会科学基金后期资助项目"智能制造背景下传统制造业转型升级的路径与机制研究"(项目编号19HQ037)的成果,发表于《江苏高教》2021年第3期。

一、江苏制造业产教融合现状

作为制造业大省,江苏近年来深入践行新发展理念,加快推进供给侧结构性改革,坚定不移建设制造强省,着力推动制造业高端化、智能化、特色化、绿色化转型升级,制造业高质量发展迈出坚实步伐。江苏制造业规模总量连续 10 年位居全国首位,2020 年战略性新兴产业、高新技术产业占比分别达 37% 和 46.8%,累计创建省级示范智能车间 1 307 个,智能制造装备产业规模超过 5 000 亿元,成为国家智能制造示范区域。习近平总书记在中央深改委会议上强调指出:深化产教融合,是推动教育优先发展、人才引领发展、产业创新发展的战略性举措[1]。产业发展会带来人才的聚集,反过来人才聚集也会推动产业的发展,两者之间互为因果、相互促进。以制造业领域为例,近年来,江苏从源头上抓好人才培养,认真落实教育、人才和产业政策,制造业人才队伍建设取得了显著成绩,有力地支撑了制造业高质量发展。采取有力措施鼓励引导高等院校和职业技术学院等,与广大企业共同建设层次丰富、领域广泛的实训基地,瞄准细分行业领域精准定制培养制造业人才,充分发挥和挖掘职业技术院校和企业熟练高级技工资源,培养一批能操作、懂调试、会研究的技能型和应用型复合人才,制造业人才队伍建设取得了显著成绩,有力地支撑了制造业高质量发展。

二、江苏制造业产教融合存在问题及原因

人员技能革新是新工业革命的重要内容之一,高层次制造业人才是重要的战略资源。在江苏推进制造业高质量发展中,资金、资源等要素不断聚集到关键核心技术攻关、制造装备改造升级等方面,但在面向高质量发展的制造业领军人才和高技能人才培养方面重视不够、投入不足,形成了制造业人才需求持续快速增长与有效供给不足的矛

盾,传统产业人才素质提高和转岗转业任务艰巨,领军人才和大国工匠紧缺,基础制造、先进制造技术领域人才不足,支撑制造业转型升级能力不强。一是人才总量不足。江苏目前无论是智能制造核心技术、装备、系统研发所需的高端人才,还是符合制造智能操作要求的技能型人才,都存在较大缺口,而既懂生产制造、又懂企业管理、还熟悉信息化的复合型人才则更为缺乏。二是人才层次偏低。根据教育部等《制造业人才发展规划指南》估算,江苏省高档数控机床和机器人领域的年度人才缺口在 10 万人左右,新一代信息技术产业领域的年度人才缺口在 20 万人左右[2]。三是人才结构性矛盾突出。除了总量短缺、层次偏低外,结构性矛盾也有较为突出,中低端人才供给过剩,而高端技术技能型人才供给不足,总体上表现为人才的有效供给相对不足,不利于企业提高生产效率、实现创新发展。

深入分析原因,除了企业主体作用有待进一步加强之外,主要还是制造业领域产教融合的机制尚未有效建立,教育链、人才链与产业链未能深度对接,人才发展与制造业深度融合的格局还没有真正形成。

一是学校培养与产业实际需求不相匹配。高校制造业人才培养与企业实际需求脱节,产教融合不够深入、工程教育实践环节薄弱,学校和培训机构基础能力建设滞后。首先当前高校制造类专业呈现萎缩态势,尤其是在智能制造等前沿领域和集成电路、新能源、新材料等关键领域,创新资源较为分散,科技与产业"两张皮"的问题尚未有效解决;与此同时,智能制造对知识结构复合型技术技能人才提出了更高的要求,而广大高等院校培养的学生却未能很好地适应企业的实际需求,未能及时赶上新技术新业态的发展步伐。其次专业设置较为狭窄且界限分明,由于现有的教育专业设置、课程体系设计等都是以工业化时代经济社会发展需求设立的,与新工业革命所需的人才结构、专业设置、知识体系、技能要求等都有很大差距,教学内容相对滞后,未能根据制造业数字化、网络化、智能化转型的最新趋势,迅速有效地对课程内容进行更新,及时开设新的教学科目,大量培养先进制造业领域的专业人才。事实上,由于高等教育专业设置、课程体系设计等方面存在的问题,在就业市场上到既懂生产制造又懂信息技术的人才极为缺乏。最后对理论教育比较重视但对实践操作重视不够,学生的能动学习不足,学习的操作、探索和反思不够,教学与生产结合得不够紧密;学校体系相对较为封闭,与广大企业联合育人、协同创新还做得不够,未能形成产学研用多方合作的机制与氛围。

二是国外高层次人才引进难度加大。当前,中美经贸摩擦仍在持续加深,并且从贸易战向科技战、人才战扩张的势头不断扩大。长远看,美国对我国科技创新和高端人才的封锁打压将成为常态,进一步压制我国的科学技术尤其是高科技的发展,通过各种手段限制我国取得包括智能制造在内的先进技术和装备,我省智能制造技术创新尤其是美国控制关键技术的重点领域将面临更加严峻的外部环境,高层次制造业人才的引进、培育将受到越来越大的阻力。

三是青年技能人才流失严重。传统制造业智能化改造升级后,企业的生产运营亟需大量技术人才,尤其是熟悉各种工业机器人及数控机床性能并能熟练操作,完成各项生产任务的高级技能人才。虽然企业投入大量经费和时间对工人进行培训,但近年来江苏制造业熟练工人大量流失。由于制造业生产一线职工特别是技术技能人才的社会地位和待遇整体较低、发展通道不畅,人才培养培训投入总体不足,人才发展的社会环境有待进一步改善等因素,年轻人就业观念正在发生转变,不少人不愿进工厂从事相对枯燥、收入不高的工人职业,而选择从事工作方式较为轻松自由的职业。

三、以产教融合推动江苏制造业高质量发展

人才是第一资源,创新是第一动力,新经济新产业必须以人才来引领、用创新来驱动[3]。以产教融合推动制造业高质量发展,是落实国家关于教育和人才改革决策部署的重要行动,是发挥教育对产业转型升级支撑引领作用的必然要求,也是创新教育培养模式、组织形态和服务供给的有力抓手。当前,世界经济加快向数字化转型,智能制造日益成为未来制造业发展的核心趋势和内容[4]。

第一,从工作重点看,要抓紧打造一支与先进制造业创新链、产业链相匹配的大规模、多层次、高素质人才队伍:一是培养高层次制造业创新创业人才。围绕制造业高质量发展需要,以高层次创新创业领军人才和团队为重点,结合世界"双一流"高校和学科建设,鼓励两院院士、国家杰青、长江学者等高科技领军人才在制造业领域建立新型研发机构转化科技成果,培养一批创新型人才,能够突破重要关键技术、拥有自主知识产权,造就一批科技型企业家,能够依靠核心技术自主创业,打造一个极具规模的高层次创新创业人才队伍。二是培养智能制造等重点领域紧缺人才。适应加快科技自立自强、构建自主可控先进制造体系的需求,大力培养智能制造领域急需的人才,特别是人工智能、工业互联网及物联网、云计算与大数据等重点领域的专门人才,确保人才数量充足、素质提升、结构优化。三是培养高技能人才。适应发展智能制造、建设制造强省的要求,以提升职业素质和职业技能为核心,以技师特别是高级技师培育为重点,加快建设一支技能精湛、门类全面、层次合理、规模宏大的高技能人才队伍。支持企业与各类

院校合作建立内部培训中心,培养面向自身工厂需要的安装调试、设计编程等智能制造技术人才。四是推动智库建设。汇聚高校院所、生产制造、信息通信、人工智能等方面专家,组建跨行业、跨领域、跨专业的智能制造专家库,支撑政府政策制定,为企业智能化改造升级提供咨询建议。

第二,从推进措施看,要着眼于制造业高质量发展需要,以国际化的视野深化产教融合实践,着力推动教育、人才和产业政策组合叠加。一是健全多层次人才培养体系。从学校、企业、社会等层面系统推进人才队伍建设,努力实现人才总量、层次、结构与制造业高质量发展相适应[5]。首先,瞄准制造业发展前沿与趋势,实施政府牵头,企业、园区、大学、科研院所共同参与的创新型人才培育计划,依托国家科研院所和研究型大学,建立对基础研究和战略高技术研究的稳定投入机制,加大国家重点实验室和科学研究实验基地建设力度,培养造就一大批具有国际水平的战略科技人才、科技领军人才和高水平创新团队。其次,选择相关专业强的高校、研究机构建立培训基地,加强智能制造与传统产业融合发展专题培训,培育一批具有全球战略眼光和先进制造理念的领军型企业家。再次,在学科设置上进一步对接智能制造等发展趋势和需求,鼓励高等教育机构加快发展人工智能、物联网、大数据等专业,支持有条件的高等院校有重点、有选择地开设新学科、新专业,加大上述领域教育投入和师资力量培养[6]。促进新设学科专业充分面向就业市场和产业发展需求,建立健全制造业紧缺人才和专业的统计、公示和更新机制。最后,学习借鉴德国的"双元制"职业教育体系,在企业和职业院校间逐步开展"入厂即入校、招生即就业、企校联合培养"的职业教育培训模式,提高技能人才的实操能力、创造能力和设计能力,加强高素质的产业技术"工匠"队伍建设。鼓励有条件的高校、院所和企业共同建设实训基地、实验室等,共同培养复合型人才。二是探索跨学科能力培养模式。探索开展以智能制造技术特征为引领的,打破学科壁垒、专业藩篱、实现融合交叉的工程实践教学改革。首先,促进学科专业交叉融合。智能制造时代,人工智能、工业互联网、大数据、云计算等新一代信息技术正在与工程技术加速融合,不同学科的知识、理论、方法、技术、手段交叉渗透,要大力发展与智能制造相关的高端装备、新一代信息技术、新材料等领域急需紧缺的学科专业[7],着力支持网络安全、集成电路、航空发动机及燃气轮机等事关国家安全的战略性学科专业建设,促进学科专业交叉融合,加快推进新工科建设,建立紧密对接产业链、创新链的学科专业体系。其次,建设以学生为中心的个性化实践教学体系。要以聚焦新技术、新工艺、新装备、新材料的工程课题为基础,建设"以学生为本"的工程教育校内基地,为学生提供跨学科、跨专业、符合制造流程变革的实践教学平台,构建"全程化、分层次"的工程实践教学体系,提供覆盖面广、跨越多个学科专业的通识教育系列课程模块,在满足学生全面发展需要的同时,通过自由组合专业方向课程模块来支持学生的个性化发展,增强学生应用实践和就业创业能力。最后,打造以企业为依托的协同式实践平台。打破校企隔阂瓶颈,打造"开放、合作、协同、融合、创新"的工程教育模式,实现工程能力的综合教育增值[8]。选择一批智能制造示范企业建设工程实践基地、实验室等,搭建功能集约、资源优化、校企互益的交互式、长效化工程教学平台,探索建设以学业成果为导向、以解决企业工程问题为核心的实践教学体系,逐步引入并细化制造行业、企业人才培养需求,促进校企协同创新。三是完善全流程政策支持体系。进一步强化政策支持,稳步推动产教融合成为教育改革的"增速器"、人才开发的"催化器"和智能制造的"助力器"。首先,进一步加快教育"放管服"的改革。发挥市场机制在资源配置中的决定性作用,不断完善高校毕业生就业质量监测制度,充分发挥用人单位、行业协会等在职业能力评价、人才需求预测等方面的作用,以市场供求、就业质量为依据确定学校培养规模和学科专业设置,不断强化就业市场对人才供给的有效调节,逐步健全需求导向的人才培养结构调整机制[9]。其次,强化教育政策牵引。允许符合条件的智能制造企业在岗职工以工学交替等方式接受高等职业教育,支持有条件的企业校企共招、联合培养专业学位研究生;以完善"双高计划"建设评价为先导,探索建立体现产教融合发展导向的教育评价体系,支持各类院校积极服务、深度融入制造业高质量发展,推进产教融合创新。最后,加大产业政策支持力度。落实社会力量举办教育可适用的各项财税、投资、金融、用地、价格优惠政策,支持制造业企业以合作战略联盟、委托经营管理、生产服务外包等多种方式,参与或举办职业院校,鼓励企业为新增先进产能和新上技术改造项目配套建设实训设施,加快培养产业技术技能人才。

【参考文献】

[1] 习近平.紧密结合"不忘初心、牢记使命"主题教育　推动改革补短板强弱项激活力抓落实.[EB/OL].(2019 - 07/24).

　http://www.xinhuanet.com/politics/leaders/2019 - 07/24/c_1124794652.htm.

[2] 教育部,人力资源社会保障部,工业和信息化部.三部门关于印发《制造业人才发展规划指南》的通知[EB/OL].(2017 - 02/24).

　http://www.gov.cn/xinwen/2017 - 02/24/content_5170697.htm.

[3] 高青松,李婷.“中国制造 2025”研究进展及评述[J].工业技术经济,2018 (10):59 - 66.

[4] 周济.智能制造——“中国制造 2025”的主攻方向[J].中国机械工程,2015 (17):2273 - 2284.

[5] 中共江苏省委江苏省人民政府.关于印发《江苏省中长期人才发展规划纲要 (2010—2020 年)》的通知(苏发〔2010〕10 号)[EB/OL].(2010 - 11/23). http://www.jiangsu.gov.cn/art/2010 - 11/23/art_46836_2680936.htm.

[6] 周兰菊,曹晔.智能制造背景下高职制造业创新人才培养实践与探索[J].职 教论坛,2016(22):64 - 68.

[7] 王芳,赵中宁,张良智等.智能制造背景下技术技能人才需求变化的调研与分 析[J].中国职业技术教育,2017(11):8 - 22 + 27.

[8] 杨若凡,刘军,李晓军.多方协同开展智能制造新工科人才培养的思考与实践 [J].高等工程教育研究,2018(05):30 - 34.

[9] 陈锋.产教融合:深化与演化的路径[J].中国高端教育,2018(13):13 - 16.

Research on the Integration of Industry and Education for the High Quality Development of Jiangsu Manufacturing Industry

Abstract: Taking Jiangsu Province as an example, based on the in-depth analysis of the current situation of the integration of industry and education in manufacturing industry, this paper points out the main problems existing in the integration of industry and education, such as the shortage of talents, low level, prominent structural contradictions. This paper reveals that the reason lies in the fact that the mechanism of integration of industry and education in manufacturing industry has not been effectively established, that school training is out of line with industrial demand, that it is more difficult to introduce foreign high-level talents, and that the loss of young skilled talents is serious. To promote the high-quality development of manufacturing industry with the integration of industry and education, the focus is to build a large-scale, multi-level and high-quality talent team matching with the innovation chain and industrial chain of advanced manufacturing industry. The promotion measures mainly include improving the multi-level talent training system, exploring the training mode of interdisciplinary ability, and improving the whole process policy support system.

Key words: integration of industry and education; education; manufacturing industry

规模经济、集聚效应
与高新技术产业全要素生产率变化①

陈 抗 战炤磊

【摘要】高新技术产业是现代产业体系的高端组成部分,其高质量发展关键是提升全要素生产率。基于 2009 - 2016 年 31 个省市区的面板数据测算中国高新技术产业的 Malmquist 生产率指数,结果显示:中国高新技术产业全要素生产率总体呈下降态势,下降的主要诱因在于技术进步的衰退。回归结果显示:高新技术企业平均资产规模和研发经费支 出对全要素生产率增速有显著制约作用,而平均收入规模、区位熵、有效专利数量对全要素生产率增速有显著促进作用。促进高新技术产业全要素生产率增长的关键在于提升技术创新效率,突破高新技术产业发展的技术瓶颈;培育特色化高新技术产业集群,注重发挥产业集群的正向外溢效应;扶持中小企业和培育龙头企业并举,建设规模庞大、结构合理、和谐共生的高新技术企业体系。

【关键词】高新技术产业 全要素生产率 规模经济 集聚效应
【中图分类号】F424.7
【文章编号】1009 - 2382(2019)12 - 0085 - 07

---

① 本文发表于《现代经济探讨》2019 年第 12 期。

【文献标识码】A

【DOI】10.13891/j.cnki.mer.2019.12.014

一、问题的提出

党的十九报告指出,我国经济已经步入高质量发展阶段。实现经济高质量发展的关键是 要建设现代化产业经济体系、提高供给体系的质量和效益,主要依靠科技创新和全要素生产率提高来驱动经济发展。高新技术产业作为知识技术和人力资本密集型产业,属于产业经济体系的高端组成部分,是经济高质量发展的先导力量。它不仅可以依靠高端产品和技术供给引领和支撑相关产业的转型升级和高质量发展,而且本身对于高质量发展也有着强烈的内在诉求。为此,在新的时代背景下,深入研究高新技术产业全要素生产率的总体态势、影响因素和提升对策,无疑具有重要的现实意义。

既有文献运用多种方法和样本数据对高新技术产业的全要素生产率进行了测算,例如,刘志迎等(2007)基于1995—2005年细分行业面板数据,运用随机前沿生产函数法测量中国高新技术产业的全要素生产率,认为全要素生产率总体上呈增长趋势,但是增速趋于下降,增长动力主要来自技术进步,而技术进步速度放缓则是全要素生产率增速放缓的主要诱因。王大鹏和朱迎春(2011)基于1996—2009年细分行业数据,运用DEA的Malmquist指数方法测算了中国高技术产业的全要素生产率,认为样本期内高技术产业全要素生产率年均增速为15.2%,增长动力主要来自技术进步,但2003年之后全要素生产率增速开始回落,主要诱因是技术进步速度的大幅回落。李燕萍和彭峰(2012)基于1998—2009年省级面板数据,同样运用DEA方法测算了中国高技术产业的全要素生产率,认为样本期内全要素生产率年均增长 4.5%,增长动力主要来自技术进步。陈燕儿等(2018)基于 1997—2015 年省级面板数据,运用 Hicks-Mooresteen TFP 指数法测算了中国高新技术产业的全要素生产率,认为样本期内全要素生产率年均增长 5.5%,2007 年之前增长动力主要为技术进步,2008 年之后变为技术进步与技术效率共同驱动。综观既有文献,由于方法、样本及变量选择的差异,所得结论也存在显著差异,并且多数文献主要停留在对高新技术产业全要素生产率的测算与分解方面,对于影响因素的实证分析相对较少,致使关于提高全要素生产率的政策讨论针对性欠佳。

鉴于高新技术产业与技术创新有着天然的密切联系,而且既有高新技术产业政策与实践中往往将扶持中小企业作为政策重点,并将培育特色产业集群作为主导模式,因此本文试图在运用 Malmquist 生产率指数测度 2009—2016 年全国 31 个省市区高新技术产业全要素生产率基础上,构建动态面板回归模型,检验规模经济、集聚效应和技术创新对于高新技术产业全要素生产率变化的影响,进而探讨提高高新技术产业全要素生产率的系统对策。

二、规模经济、集聚效应、技术创新与效率变化:理论机理与研究假说

1. 规模经济与效率变化:大企业观与中小企业观的交锋

规模经济是指在技术不变的条件下,在特定产量范围内产品平均成本下降的情形,意味着给定投入情境下的更多产出,是企业效率改善的重要源泉。而且企业规模与影响效率改善的另一关键因素技术进步关系密切,理论界关于企业规模与技术进步的关系有三种代表性观点。第一种是大企业观,以熊彼特主义为代表,认为"大企业是技术进步最有力的发动机"。第二种是在批评熊彼特主义基础上形成的中小企业观,认为在既定研发投入规模下,小企业的创新效率要高于大企业。第三种是综合折中前两种观点的适度规模观,认为企业规模与技术进步存在非线性关系,过大或过小都不利于技术进步,存在某个有利于技术进步的适度规模。以上三种观点均不乏支持者。戴西超等(2006)认为中小企业的技术创新水平要高于大规模企业,张珺涵和罗守贵(2018)基于高技术服务企业的研究发现,企业规模对技术创新效率的正向影响并不显著,反而有显著负向影响。许多研究都证实企业规模与技术创新呈倒 U 形关系,刁秀华等(2018)认为高技术产业的企业规模总体上与技术创新效率正相关,但二者之间存在明显的三重门槛效应。

尽管高新技术企业以中小企业为主,相关产业政策也倾向于扶持中小高新技术企业,但是也不能因此就盲目支持中小企业。实际上,在统计意义上往往从主营业务收入和从业人数的交互视角考量企业规模,据此,可以从投入规模和产出规模两个维度考量企业规模对技术创新和效率改善的影响。

由此,提出研究假设 1:企业投入规模会制约高新技术产业全要素生产率增长,企业产出规模会促进高新技术产业全要素生产率增长。

2. 集聚效应与效率变化:正向外溢效应与拥挤效应的动态均衡

迈克尔·波特将相关企业机构在邻近地理空间集中布局进而提升产业和国家竞争优势的现象称为产业集聚或集群,并使产业集聚或集群逐渐成为备受推崇的主流产业组织模式。马歇尔从"劳动力市场蓄水池、互补性中间投入品市场、知识和技术的溢出"三个方面概括了产业集聚的正向外溢效益。克鲁格曼进一步将其概括为共享劳动力市场、专业性中间投入品的市场规模效应和技术外溢效应。产业集聚除了会通过资源共享、成本节约、技术溢出、规模效应等常规机制促进效率改善之外,还会通过强化竞争、降低信息不对称、引致制度创新、改善声誉治理等方式,促进不同利益主体之间的激励相容,激发不同利益主体协同开展创新和升级的合力,从而使产业整体效率不断提升,进而逐渐逼近良性自我累积的均衡状态。产业集聚的规模优势和技术创新优势都会对全要素生产率增长产生重要促进作用,多数实证研究也倾向于支持 这一观点。范剑勇等(2014)认为产业集聚的专业化 经济对企业全要素生产率有显著正向影 响。韦曙林和欧梅(2017)认为产业集聚对企业生产率提升有正向影响,但受到企业资产专用性的抑制。由于产业集聚也意味着要素获取和本地市场的激烈竞争,因而随着拥挤效应的显现,产业集聚的正向外溢效应会逐步弱化,两种效应的均衡结构会最终决定产业集聚对于效率改善的作用方向。因此,部分研究认为产业集聚对效率改善的影响存在门槛效应或阈值效应,甚至对于同一产业门类也会出现截然相反的研究结论。例如,刘雅娇和胡静波(2018)基于 2001—2010 年数据发现,高技术产业集聚专业化对劳动生产率有显著正向影响,而王鹏和王伟铭(2017)基于 2004—2014 年数据发现,高新技术产业专业化集聚对劳动生产率有抑制作用。

由此,提出研究假设 2:产业集聚会促进高新技术产业全要素生产率增长。

3. 技术创新与效率变化:创新投入与创新产出的异质性影响

由于全要素生产率本身是一个扣除了有形要素投入的余值概念,主要指由技术进步、结构 升级和制度变迁等因素导致的产出增长,因而,技术进步往往被认为是促进全要素生产率增长 的根本要素。虽然部分实证研究结果显示,在某些行业、某些区域、某些时段,技术效率会取代技术进步成为驱动全要素生产率增长的主导动力,甚至会出现因技术进步大幅衰退而导致全要素生产率降低的情形,但是这不能否定技术进步与全要素生产率之间的正相关关系,技术进 步对于全要素生产率的促进作用是由全要素生产率概念内生决定的。当然,必须明确技术创新与技术进步并不是同一概念。技术创新本质上也是一种投入产出过程,作为创新产出的技术进步必然会促进全要素生产率提高,但是创新活动中的人力投入和物质投入对于全要素生产率的影响还需要做进一步分析。因为研发人员和研发经费的投入,在带来技术创新成果的同时,也构成了有形的劳动和资本投入,因而其对全要素生产率的影响取决于所带来的产出增长与投入增长的对比。通常,在技术创新效率处于良性状态时,研发投入对于全要素生产率会有促进作 用,但当技术创新效率偏低时,研发投入就可能产生制约作用。例如,戴魁早(2011)认为,研发经费投入和研发人力投入都对全要素生产率有显著促进作用,李燕萍和彭峰(2012)也证实研发资本投入会促进全要素生产率增长,但是,方文中和罗守贵(2016)基于上海高 技术企业的实证研究发现,研发人力投入和国外技术引进对高新技术企业全要素生产率有促进作用,而研发资本投入则因时滞效应而产生制约作用。

由此,提出研究假设 3:专利数量会促进高新技术产业全要素生产率增长,研发经费投入会制约高新技术产业全要素生产率增长。

三、高新技术产业全要素生产率变化的测算结果

当前,测算全要素生产率的方法主要有基于生产函数的余值法、

基于 DEA 的指数法、超越对数生产函数法等。本文采用基于 DEA 的 Malmquist 生产率指数法测算高新技术产业全要素生产率变化及其分解指标。这种方法的优势是可以处理多种投入变量和产出变量，不需要进行价格转换，其缺点是变量选择的随意性容易受到质疑。本文参照惯例，产出变量选择规模以上高新技术企业主营业务收入，投入变量选择分别对应资本和劳动力两大基本生产要素的总资产规模和从业人数。

本文基于投入导向的规模报酬不变（CRS）模型，根据 2009—2016 年 31 个省市区的面板数据，运用数据包络分析计量软件 DEAP2.1，测算中国高新技术产业的 Malmquist 生产率指数，结果见表 1 和表 2。

从表 1 来看，2009—2016 年中国高新技术产业全要素生产率总体呈下降态势，年均降幅为 4.1%。下降的主要诱因在于技术进步的衰退，技术变化年均降幅达到 4.3%；同时，技术效率虽然对全要素生产率增长有一定支撑作用，但其极其微小的增幅并不足以抵消技术衰退的影响，规模效率虽然能够勉强保持 1% 的增速，但也被纯效率的下降而侵蚀殆尽。另一方面，中国高新技术产业全要素生产率呈比较明显的波动特征，波峰出现在 2012 年的 18%，波谷出现在 2015 年的－25.8%。在 7 个时段中，仅有 3 个时段全要素生产率保持增长，而且这 3 个时段的技术变化都保持增长，并且只有 2010 年技术进步增幅小于技术效率增幅，甚至 2014 年技术变化的较大增幅完全抵消了技术效率的下降。在全要素生产率下降的 4 个时段，有 3 个时段技术变化出现衰退，甚至 2015 降幅高达 37.1%。这说明，中国高新技术产业全要素生产率变化的主要动因来自技术进步，技术进步是全要素生产率变化的晴雨表,技术进步兴则全要素生产率增,技术进步衰则全要素生产率降。

表 1　2009—2016 年中国高新技术产业 Malmquist 生产率指数均值

	效率变化（EFFch）	技术变化（TECHch）	纯效率变化（PEch）	规模效率变化(SEch)	全要素生产率变化(TFPch)
2009—2010	1.121	1.009	0.936	1.197	1.131
2010—2011	1.032	0.923	1.028	1.004	0.952
2011—2012	1.048	1.126	1.096	0.956	1.180
2012—2013	0.977	0.869	1.008	0.969	0.849
2013—2014	0.882	1.272	0.888	0.993	1.121
2014—2015	1.180	0.629	1.077	1.095	0.742
2015—2016	0.820	1.010	0.926	0.886	0.829
2009—2016	1.002	0.957	0.991	1.010	0.959

从表 2 的样本期均值来看,在 31 个省市区中,8 个省市区的全要素生产率保持增长,7 个省市区的技术变化保持增长,14 个省市区的技术效率保持增长,17 个省市区的规模效率保持增长,15 个省市区的纯效率保持增长。其中,西藏全要素生产率年均增幅为 13.3%,居于榜首,而这主要得益于其规模效率的良好表现,年均增幅为 16%,也居各省市区首位。西藏高新技术产业全要素生产率的这份成绩单多少令人意外,内在原因在于,其高新技术产业基础相对薄弱,规模扩张所带来的效益改善更为显著;外在原因在于,以往研究常常因其数据缺失而将其排出在外,对其实际情况缺乏直观认识。在全要素生产率保持增长的 8 个省市区中,增长动力主要来自

技术效率的提高,8个省市区技术效率均保持增长,只有2个省市区技术变化出现下降。

表2　2009—2016 年 31 省市区中国高新技术产业 Malmquist 生产率指数均值

	effch	techch	pech	sech	tfpch
北京	0.889	0.914	0.939	0.947	0.813
天津	0.920	0.983	0.940	0.978	0.905
河北	0.939	0.911	0.962	0.976	0.856
山西	0.969	0.916	1.007	0.962	0.888
内蒙古	0.977	0.920	1.012	0.966	0.899
辽宁	0.954	0.954	0.979	0.975	0.910
吉林	0.958	0.958	1.016	0.943	0.918
黑龙江	1.005	1.018	1.000	1.005	1.023
上海	0.965	0.932	0.999	0.965	0.899
江苏	0.953	0.934	1.017	0.937	0.890
浙江	0.986	0.911	1.003	0.984	0.899
安徽	0.987	0.953	1.015	0.973	0.940
福建	0.993	0.919	0.998	0.995	0.912
江西	0.993	0.989	0.994	0.999	0.982
山东	1.005	1.065	1.004	1.001	1.070
河南	1.000	0.909	1.000	1.000	0.909
湖北	0.936	1.005	0.964	0.971	0.940
湖南	1.097	1.015	1.038	1.056	1.113
广东	1.027	0.909	0.992	1.035	0.934
广西	1.008	0.950	0.987	1.021	0.957
海南	0.997	0.961	0.986	1.012	0.958
重庆	1.054	1.005	1.004	1.050	1.060

	effch	techch	pech	sech	tfpch
四川	1.095	0.967	1.048	1.045	1.059
贵州	1.076	0.881	1.040	1.034	0.948
云南	0.979	0.992	0.942	1.039	0.971
西藏	1.117	1.014	0.963	1.160	1.133
陕西	1.133	0.872	1.031	1.099	0.988
甘肃	1.078	0.969	1.031	1.045	1.044
青海	0.985	0.948	0.965	1.020	0.933
宁夏	1.016	0.983	0.951	1.068	0.998
新疆	1.006	1.059	0.923	1.089	1.065

四、规模、集聚、创新对高新技术产业全要素生产率变化的影响：基于动态面板模型的实证检验

1. 相关变量的指标选择与数据获取

（1）因变量：全要素生产率变化（TFPch）。根据基于 DEA 的 Malmquist 生产率指数法计算得到。本文基于 2009—2016 年的省级面板数据得到了 31 个省市区 7 个时期的数据。由于因变量为环比变化数据，因而相关自变量也统一转换成环比变化数据，即当期值除以上期值。

（2）自变量：① 企业规模。企业投入规模，采用企业平均资产规模表示（GMZC），由高新技术产业总资产除以企业数量得到；企业产出规模，采用企业平均收入规模表示（GMSR），由高新技术产业主营业务收入总额除以企业数量得到。② 产业集聚。采用区位熵（LQ）指数来测度各地区高新技术产业的集聚水平，其计算公式为：$LQ = (E_{ij}/E_i)/(E_{kj}/E_k)$，其中 E_{ij} 指 i 地区高新技术企业的主营业务收入或从业人员，E_i 指 i 地区规模以上工业企业的主营业务收入或从业人员，E_{kj} 指全国高新技术企业的主营业务收入或从业人员，E_k 指全国规模以上工业企业的主营业务收入或从业人员。③ 创新水平。创新投入水平（RD），采用高新技术企业研发支出表示；创新产出水平（ZL），采用高新技术企业有效专利数量表示。

（3）数据来源。本文所用数据均来自 EPS 全球统计数据/分析平台的中国高新技术产业数据库、中国科技数据库、中国区域经济数据库。

2. 模型设定与选择

假设企业投入规模、企业产出规模、区位熵、创新投入水平、创新产出水平对全要素生产率变化的影响可以表示为：

$$TFPch = \phi \times GMZC^\alpha \times GMSR^\beta \times LQ^\gamma \times RD^\eta \times ZL^\lambda \qquad (1)$$

对（1）式两边取自然对数可得：

$$lnTFPch = \phi + \alpha lnGMZC + \beta lnGMSR + \gamma lnLQ \\ + \eta lnRD + \lambda lnZL \qquad (2)$$

由于因变量是全要素生产率的变化率，当期值容易受到上期值的惯性影响，因此进一步引入因变量的一阶滞后变量，并加入不可观测、不随时间变化的个体效应集 ω 和随机扰动项 ε，建立如下动态面板模型：

$$lnTFPch_{it} = c_{it} + \psi lnTFPch_{it-1} + \alpha lnGMZC_{it} + \beta lnGMSR_{it} \\ + \gamma lnLQ_{it} + \eta lnRD_{it} + \lambda lnZL_{it} + \omega_{it} + \varepsilon_{it} \qquad (3)$$

通过 Eviews6.0 软件进行冗余固定效应检验（Redundant Fixed

Effect Test)和豪斯曼检验(Hausman Test)的结果显示,冗余固定效应检验结果显著拒绝原假设,支持选择个体固定效应模型,豪斯曼检验结果也显著拒绝原假设,支持选择个体固定效应模型,因此,本文确定采用个体固定效应模型。

3. 回归结果与假设检验

运用 Eviews6.0 软件中的 Panel Generalized Method of Moments 对所设定的模型进行回归分析,结果如表 3 所示。利用 Sargan 统计量进行过度识别检验。由于 CHIDIST(5.764 226, 15 - 6) = 0.763 263 953,不能拒绝"工具变量有效"的原假设,说明模型设定正确,可以用于解释变量之间的经济涵义。$TFPch$ 的一阶滞后项对 $TFPch$ 有显著负向影响,说明全要素生产率的增长速度受到上期基值的惯性影响,既合乎样本数据的内在特征,也进一步佐证了引入一阶滞后项的合理性。

表 3 结果显示,企业平均资产规模(GMZC)对全要素生产率变化有显著负向影响,作用系数为 - 2.550 779,而企业平均收入规模(GMSR)对全要素生产率变化有显著正向影响,作用系数为 2.065 793,假设 1 得到验证。这完全符合全要素生产率作为余值概念的理论逻辑。资产规模增加意味着资本投入的增加,即待扣除部分的增加,而收入规模增加意味着产出水平的增加,即可供扣除部分的增加,因此,前者会导致余值的降低,后者会导致余值的增加。这也说明,企业规模是一个广义的综合型概念,其不同维度的内容会对企业全要素生产率产生不同的影响,在讨论不同规模企业的创新效率优势时,应首先明确具体在什么维度上讨论企业规模。总体而言,在资产规模维度上,应该支持中小企业观,这也符合高新技术企业有形资产较少而无

形资产较多的特点;在收入规模维度上,应该支持大企业观,企业收入规模较大意味着有更强的实力开展创新。

高新技术产业的区位熵指数(LQ)对全要素生产率变化有显著正向影响,作用系数为 0.712 478,假设 2 得到验证。这是因为高新技术产业的空间集聚意味着较高的产业规模和更高的技术水平,因空间集聚而产生各种正向外溢效应,也构成了解释全要素生产率余值的重要因素。而且,中国高新技术产业正处于发展的初级阶段,从中央到地方各级政府都着力为高新技术产业发展提供最大化的政策支持和市场空间,资本、劳动力、土地等各种生产要素都优先配置给高新技术产业集群,因而,产业集聚的拥挤效应尚未显现,至少高新技术企业之间的要素竞争并未成为制约企业效率改善的主导因素。

反映创新投入的研发经费支出(RD)对全要素生产率有显著负向影响,作用系数为-0.312 544,反映创新产出的有效专利数量(ZL)对全要素生产率有显著正向影响,假设 3 得到验证。真正体现高新技术产业本质特征的是技术进步,真正对全要素生产率增长有直接促进作用的也是技术进步,而有效专利数量是技术进步的最直观反映,因而其对全要素生产率的促进用也很容易理解。研发经费并不等于技术进步,研发经费究竟能够产生多大的技术进步很难估计,但是在重物轻人的现有科技创新体制下,大量研发经费用于实物性支出,劳务支出和智力支出占比相对较小,这意味着相当部分的研发经费被物化为有形资产,从而增加了有待扣除的资本投入,可能导致全要素生产率降低。这说明科技创新政策不能仅着眼于加大创新要素投入,更应该通过提高要素质量、优惠配置效率来提高创新产出水平,将更多的创新行动转化为现实生产力。

表3　回归结果

Variable	Coefficient	Std. Error	t—Statistic	Prob.
TFPCH(−1)	−0. 219 626**	0. 085 028	−2. 582 977	0. 010 8
MZC	−2. 550 779***	0. 733 945	−3. 475 434	0. 000 7
GMSR	2. 065 793***	0. 430 715	4. 796 194	0. 000 0
LQ	0. 712 478**	0. 334 778	2. 128 207	0. 035 0
RD	−0. 312 544**	0. 129 168	−2. 419 672	0. 016 7
ZL	0. 524 354*	0. 295 546	1. 774 185	0. 078 1
Effects Specification				
Cross-section fixed (first differences)				
Mean dependent var	−0. 017 684	S. D. dependent var		0. 852 308
S. E. of regression	1. 158 555	Sum squared resid		199. 995 4
J—statistic	5. 764 226	Instrument rank		15

注:***、**、**分别表示1%、5%、10%的显著性水平。

五、结论与政策建议

本文基于2009—2016年31个省市区高新技术产业的数据,测算了中国高新技术产业的Malmquist生产率指数,并以此为基础验证了企业规模、产业集聚、技术创新对于高新技术产业全要素生产率的影响。研究表明,中国高新技术产业全要素生产率总体呈下降态势,年均降幅为4.1%,下降的主要诱因在技术进步的衰退,技术效率的促进作用并不足以抵消技术衰退的制约作用;高新技术企业平均资产规模增速每增加1个百分点,全要素生产率变化增速将下降−2.550779个百分点;高新技术企业平均收入规模增速每增加1个百分点,全要素生产率变化增速将增加2.065793个百分点;高新技术产业区位熵增速每增加 1 个百分点,全要素生产率变化增速将增加 0.712 478 个百分点;高新技术企业研发经费支出增速每增加 1 个百分点,全要素生产率变化增速将下降－0.312 544 个百分点;高新技术企业有效专利数量增速每增加 1 个百分点,全要素生产率变化增速将增加 0.524 354 个百分点。

根据上述研究结论,结合中国高新技术产业发展的实际,围绕提升高新技术产业全要素生产率,促进高新技术产业高质量发展,提出如下政策建议:

其一,着力提升技术创新效率,突破高新技术产业发展的技术瓶颈。前文研究表明,技术进步衰退是样本期内中国高新技术产业全要素生产率总体呈下降的主要诱因。当前,中国高新技术产业自主创新不强,大部分高新技术企业并没有自己的研发机构,许多核心技术长期依赖引进,而且消化吸收能力不足。2016 年,规模以上高新技术企业的研发机构覆盖率仅为 44.6%,每 100 元技术引进经费相配套的消化吸收经费仅有 9 元。为此,应着力完善区域创新体系,鼓励企业建立现代新型研发机构,加大研发投入力度,注重对引进技术的消化吸收再创新,全面提升企业的自主创新能力,着力形成一批具有自主知识产权的重大技术创新成果。但必须注意,企业的研发投入并不等于技术进步,高新技术企业的研发经费投入会阻碍全要素生产率的提高,因此必须坚持效率导向的研发经费投入政策:一方面要用足研发经费加计扣除等扶持政策,切实提升高新技术企业的研发投入强度,另一方面要全面优化研发资金的使用效率,将研发资金更多用于研发活动和研发人员,而不是为了变相增加固定资产或者获取税收减免。

其二,着力培育特色化高新技术产业集群,注重发挥产业集群的正向外溢效应。鉴于集群效应在资源共享、成本节约、创新升级等方面显著优势,集群发展成为包括高新技术产业在内的诸多产业发展的主流组织模式,相关发展规划和政策体系都将培育特色集群作为重要导向。理论与实践均已证明,培育特色产业集群,发挥集群的正向外溢效应,是提升全要素生产率的根本路径。然而,中国高新技术产业的空间集聚水平并不高,2009—2016 年高新技术产业区位熵平均值大于 1 的省市仅有 7 个,分别是广东、江苏、北京、上海、天津、重庆、四川,而且许多地区规划建设的高新技术产业集群特色不鲜明、集群效应不显著。为此,应围绕高新技术产业集群发展加强顶层设计,完善相关政策体系,坚定不移地走特色化集群发展道路。其中,需要把握三个关键节点:一是准确进行差异化定位,准确选择合乎比较优势的特色产品,奠定特色集群的产品基础;二是按照合作共赢导向进行总体规划,建设一批产品有品位、产业有特色、企业有实力的高质量的高新技术产业园区,奠定特色集群的空间基础;三是完善产业创新生态系统,营造崇尚创新、容忍失败、倡导共赢、有序竞争的文化氛围,构建多元化的信息交流、资源共享、利益磋商的平台机制,充分激发集群的正向外溢效应。

其三,扶持中小企业和培育龙头企业并举,建设规模庞大、结构合理、和谐共生的高新技术企业体系。不同规模的高新技术企业和谐共生,是高新技术产业高质量发展的主体基础。为此,必须理性把握企业规模与技术创新之间的复杂关系,扬弃非此即彼的对立逻辑,深刻认识大企业和中小企业在技术创新和效率改善方面的差异化优势,坚持扶持中小企业和培育龙头企业并举。中小企业是高新技术产业发展的生力军,遍布高新技术产业的各个细分领域和价值链条的各个环节,许多产业政策也将扶持中小高科技企业作为重要着力点,但是中国中小高科技企业发展仍在资金、技术、人才、市场准入等方面面临诸多瓶颈约束。因此,必须在扶持中小高科技企业方面持续发力,一是要落实中小高科技企业的税收优惠政策,降低其税收负担,支持其技术创新和管理创新,引导其升级产品结构;二是完善财政贴息、信用担保、科技金融、科技保险等政策工具,加强对中小高科技企业的金融支持,帮助其克服资金瓶颈;三是要深化放管服改革,优化营商环境,减少行政审批环节和市场准入的制度壁垒,强化公共服务和高端要素供给,降低中小高科技企业的交易成本。同时,高度重视高科技龙头企业在高新技术产业发展中的主导地位和独特作用,积极培育市场竞争实力强、行业带动效应大、创新引领作用强、社会责任绩效高的高科技龙头企业。在培育高科技龙头企业过程中,既要鼓励和引导企业通过纵向或横向兼并联合扩大规模,又要遵循市场法则,让企业自主选择并购对象,不能为了追求规模指标而盲目"拉郎配";既要通过平台建设和品牌经营,不断扩大企业的资产规模和市场份额,又要注重完善内部治理结构,优化运行机制,切实提升企业的运行绩效。

【参考文献】

[1] Schumpeter J. , Capitalism, Socialism and Democracy, *New York*: *Harper & Row*, 1942.

[2] Edwin Mansfield, The Production and Application of New Industrial Technology, *New York*: *W. W. Norton & Co Inc（Np）*, 1977.

[3] Scherer, F. M. , Firm size, Market structure, Opportunity and the Output of Patented Inventions, *American Economic Review*, vol. 55, 1965, pp. 1097~1125.

[4] 国胜铁、姚常成:《我国城市群知识创新的空间结构演变趋势——来自 Web of Science 核心数据库的经验证据》,《求是学刊》2019 年第 4 期。

[5] 刘志迎、叶蓁、孟令杰:《我国高技术产业技术效率的实证分析》,《中国软科学》2007 年第 5 期。

[6] 聂辉华、谭松涛、王宇锋:《创新、企业规模和市场竞争:基于中国企业层面的面板数据分析》,《世界经济》2008 年第 7 期。

[7] 王大鹏、朱迎春:《中国高技术产业生产率增长来源:技术进步还是技术效率》,《中国科技论坛》2011 年第 7 期。

[8] 李燕萍、彭峰:《国际贸易、自主研发与高技术产业生产率增长》,《经济评论》2012 年第 1 期。

[9] 周方召、符建华、仲深:《外部融资、企业规模与上市公司技术创新》,《科研管理》2014 年第 3 期。

[10] 范剑勇、冯猛、李方文:《产业集聚与企业全要素生产率》,《世界经济》2014 年第 5 期。

[11] 卞晓丹、钟廷勇:《空间集聚与文化产业供给侧改革——基于要素错配的视角》,《江海学刊》2016 年第 4 期。

[12] 王晓珍、邹鸿辉、杨拴林、叶靖雅:《高技术产业 R&D 全要素生产率变化区域形态及影响因素分析》,《现代经济探讨》2017 年第 7 期。

[13] 韦曙林、欧梅:《产业集聚、资产专用性和制造企业生产率》,《当代经济科学》2017 年第 3 期。

[14] 陈燕儿、蒋伏心、白俊红:《中国高技术产业发展的质量检验——基于全要素生产率的视角》,《研究与发展管理》2018 年第 6 期。

[15] 张珺涵、罗守贵:《科技成果转化效率及企业规模与技术创新——基于高技术服务企业的实证研究》,《软科学》2018 年第 7 期。

[16] 刁秀华、李姣姣、李宇:《高技术产业的企业规模质量、技术创新效率及区域差异的门槛效应》,《中国软科学》2018 年第 11 期。

［17］伍先福：《产业协同集聚对全要素生产率影响的门槛效应研究——基于中国
        246个城市的实证检验》，《经济经纬》2019年第2期。

［18］周璇、陶长琪：《要素空间集聚、制度质量对全要素生产率的影响研究》，《系
        统工程理论与实践》2019年第4期。